公费师范生调查研究

刘　涵　著

陕西师范大学出版总社

图书代号　ZZ22N1590

图书在版编目(CIP)数据

公费师范生调查研究／刘涵著. —西安:陕西师范
大学出版总社有限公司,2022.9
ISBN 978-7-5695-3145-9

Ⅰ.①公…　Ⅱ.①刘…　Ⅲ.①师范教育—学生—
调查研究　Ⅳ.①G655

中国版本图书馆 CIP 数据核字(2022)第 156064 号

公费师范生调查研究

刘　涵　著

特约编辑	张　曦
责任编辑	杨雪玲
责任校对	王东升
封面设计	金定华
出版发行	陕西师范大学出版总社
	(西安市长安南路 199 号　邮编 710062)
网　　址	http://www.snupg.com
经　　销	新华书店
印　　刷	西安日报社印务中心
开　　本	787 mm×1092 mm　1/16
印　　张	7.875
字　　数	181 千
版　　次	2022 年 9 月第 1 版
印　　次	2022 年 9 月第 1 次印刷
书　　号	ISBN 978-7-5695-3145-9
定　　价	53.00 元

读者购书、书店添货或发现印装质量问题,请与本社高等教育出版中心联系。
电话:(029)85303622(传真)　85307864

前　言

　　2007年5月9日,国务院办公厅转发了《教育部直属师范大学师范生免费教育实施办法(试行)》,决定在六所部属师范大学(北京师范大学、华东师范大学、东北师范大学、华中师范大学、陕西师范大学、西南大学)实行师范生免费教育,并于同年秋季招收12000多名免费师范生。2018年7月30日,国务院办公厅转发了《教育部直属师范大学师范生公费教育实施办法》,将"师范生免费教育"政策调整为"师范生公费教育"政策,对选拔录取、履约任教和激励等政策进行了进一步的细化和调整。

　　师范生公费教育政策是立足国情,以提高教师队伍素质、促进教育事业发展为目标的。对政策的研究必须以翔实、可靠的调查数据为依据,并基于规范的社会科学方法进行分析。鉴于当前针对公费师范生的调查存在抽样方法不严谨、调查样本缺乏代表性、没有连续的追踪调查等问题,笔者所在的陕西师范大学教育实验经济研究所启动了针对某部属师范大学2016级本科生的追踪调查研究。

　　该追踪调查的第一轮于2016年8月该大学新生入学军训期间完成,调查对象为全体2016级本科生,其中公费师范生1978名,非师范生2289名。调查内容包括本科生个人基本信息、家庭相关信息、大学志愿填报情况、选择公费师范生的原因、以后的打算、对教师职业的看法等。第二轮调查于2020年12月完成,调查内容包括本科生大学期间的学习投入及实践情况、家庭经济情况、对已选择的专业及学校的满意程度、目前的工作情况及以后的打算、本人个性、对教师工作的看法等。共收回有效问卷2584份,其中公费师范生提交问卷1254

份,非师范生提交问卷1330份,回收率为60.4%。

这两轮调查获得了公费师范生及具有一定相似性可以作为对照的同级其他本科生的详细的、有代表性的资料。因此,基于这两轮调查的这本《公费师范生调查研究》,也成为读者全方位了解公费师范生的基本特征,全景式展现其在校期间的学习、生活情况,以及毕业之后的工作就业情况等的可靠的窗口。本研究立足部属师范大学生群体,既有助于了解我国当代大学生群体的共性特征,又能充分反映公费师范生群体的独有特点,有助于科学地估计师范生公费教育政策的效果,为科学决策和政策倡导提供实证依据。

本书共9章。

第1章介绍了师范生公费教育政策的背景和发展历程,总结了针对公费师范生的调查的现状和缺陷。

第2章总结并评述了前人关于师范生公费教育的研究。相关研究主题包括公费师范生的报考动机、教师职业认同、在校学习情况、违约情况、就业情况和就业后的工作情况等。

第3章描述了学生的基本情况。首先,从学生个人特征、家庭情况和学习经历等方面对公费师范生和非师范生的基本情况进行了描述和对比。然后,对基线调查和追踪调查的样本特征进行了对比,确认追踪调查的样本对基线调查的样本具有代表性。

第4章研究了公费师范生的报考动机。分析了不同特征下公费师范生报考动机的差异,并以公费师范生对"如果在没有家庭及经济等压力的情况下,按照你今年的高考成绩和你自己的兴趣,你会选择公费师范生吗?"这一问题的回答为划分标准,探讨了内在动机型报考生和非内在动机型报考生的差异。在随后的章节中,也依据这一划分标准,探讨了内在动机对公费师范生的教师职业选择、就业、履约等的影响。最后,该章总结了公费师范生对师范生公费教育政策的了解情况。

第5章研究了学生在入校之初的就业预期和公费师范生的违约预期。首先,描述了公费师范生和非师范生的预期就业难度、就业地域、回生源地就业的比例、就业方向和预期收入。然后,描述了公费师范生回农村任教的可能性和违约预期。

第6章研究了学生在入学之初的抑郁情况。使用了《症状自评量表(SCL-90)》的抑郁分量表作为测量工具，描述了不同群体学生的抑郁情况，对比了公费师范生和非师范生的抑郁差异，对比了不同报考动机的公费师范生的抑郁差异。

第7章研究了学生在校期间的学习情况。使用了 NSSE-China 中涉及的问题，询问了学生的阅读量、时间分配、学习收获和满意度等。通过对比，展示了公费师范生与非师范生、内在动机型报考生与非内在动机型报考生在校学习情况的差异。

第8章研究了学生的教师职业选择。两次调查均使用教师职业选择量表，测量了学生从事教师职业的动机和对教师职业的需求、回报等的感知。介绍了教师职业选择的概念，分基线调查和追踪调查描述了学生的教师职业选择情况。通过对比，深入研究了公费师范生与非师范生在量表各维度上的差异，内在动机型报考生和非内在动机型报考生之间的差异，以及不同群体在经历四年本科教育前后的差异。

第9章研究了学生毕业后的实际就业和公费师范生的履约情况。描述了毕业生的就业去向，对比了公费师范生和非师范生在工作行业、单位性质、所在地区、工资收入等方面的差异，总结了公费师范生的履约情况，研究了公费师范生的个体特征与就业去向的关系。

本书是教育部人文社会科学研究青年基金项目(项目号:19YJC790080)和中央高校基本科研业务者专项资金项目(项目号:21SZYB20)的研究成果。同时，感谢陕西师范大学学科建设经费自主创新和社会服务能力项目和高等学校学科创新引智计划(项目号：B16031)的资助。

目录

第1章 概述

1.1 师范生公费教育政策

长期以来的国际经验证明,要实现经济快速持续的增长,关键靠人才,根本在教育[1]。在教育资源中,教师资源是最重要的,教师质量差异是造成学生成绩差距的主要因素[2-3]。然而,多项研究表明,教师行业平均工资水平低、压力大、责任重,吸引人才、留住人才是教育部门面临的一大难点[4]。

在国际上,吸引优秀人才从教有两种思路:一是提高现有从业人员的激励水平,包括提高教师待遇、优化工资结构等。许多研究关注绩效工资政策的设计和实施,其目的是提高现有从业人员的教学质量、降低人员流失率[5-6]。二是通过提供教育机会和奖学金等手段,吸引青年人攻读教师专业或选择教师职业。类似的政策,在发达国家有美国的"为美国而教"和英国的"先从教",从顶尖大学选拔优秀毕业生去贫困社区工作[7];有许多地区为新招募的教师提供一次性的金钱奖励[3,8]。我国也通过提供免费的师范教育来提高教师职业对青年人才的吸引力。

师范生免费教育在我国具有较为悠久的传统。我国师范教育最早可以追溯至 1897 年盛宣怀创办的南洋公学师范馆。1902 年,清政府颁布的《钦定京师大学堂章程》首次创制了新式学堂的较完整体系,且规定了师范生免收学费,享受官员待遇等[9]。1907 年,颁布的《师范毕业生义务章程》中进一步规定"优级师范生、优级选科师范生,有效力全国教育职事之义务,其年限暂定为五年"[10]。这是我国师范教育主张实行免费教育和毕业生履行从教义务的源流。

新中国成立后,在百废待兴之际,我国对高等师范教育实施了改革。1952

年,颁布了《关于高等师范学校的规定(草案)》,其中第十五条规定"高等师范学校学生,一律享受人民助学金,其标准另定之"[11]。1977年,恢复高考制度后,国家一直实施不收费的计划招生。1985年,加入了少数计划外的自费生,实行按国家任务招生计划和调节性招生计划(含委托培养和自费生)划定两条录取线的双轨并行招生制度[12]。1997年,普通高校开始实施按总的招生计划划定一条录取线、在同一地区实行同一录取标准的并轨改革,开始对师范生部分收费,并不再保障就业。到2000年招生并轨完成,师范生全部开始收费,报考师范专业在经济方面没有了优势。2005年,部分媒体刊登"教育部酝酿取消师范生"的消息,教育部立即进行公开辟谣,指出教师专业化是国际教师教育的发展趋势,教育部将进一步加强和改革教师教育,决不会取消教师教育[13]。师范教育的改革迫在眉睫。

为鼓励更多的优秀青年终身从教,提倡教育家办学,培养大批优秀教师,在全社会进一步形成尊师重教的浓厚氛围,让教育成为全社会最受尊重的事业,2007年5月9日,国务院办公厅转发了《教育部直属师范大学师范生免费教育实施办法(试行)》,决定在六所部属师范大学(北京师范大学、华东师范大学、东北师范大学、华中师范大学、陕西师范大学、西南大学)实行师范生免费教育,并于同年秋季招收12000多名免费师范生[14]。政策要求,报考考生除了要符合普通高校招生指导工作的有关规定,身体健康,还要思想品德优良,热爱教育事业,有志于长期从教、终身从教。政策规定,免费师范生四年在校学习期间免缴学费、住宿费,领取生活费补助(即"两免一补"),毕业落实在编的教师岗位,可在职攻读教育硕士;入学前与学校和生源所在地省级教育行政部门签订协议,承诺毕业后从事中小学教育十年以上;到城镇学校工作的免费师范毕业生,应先到农村义务教育学校任教服务两年;免费师范生可以换师范专业,但不得转出等。国家鼓励免费师范毕业生终身从教,以改善中小学尤其是农村中小学的师资水平,进一步提升中小学教育质量。

2012年1月7日,国务院办公厅转发了《关于完善和推进师范生免费教育的意见》,对师范生免费教育政策做了进一步完善,要求部属师范大学健全免费师范生的录取和退出机制,准许免费师范生在校期间进入、退出和转专业;优秀免费师范生可以享受其他非义务性奖学金;改进免费师范生就业办法,毕业生可以与需求岗位双向选择;免费师范生教育政策全国推广等[15]。随后,高中起点的本科免费师范生教育也在各省陆续开展,要求学生毕业后根据协议定向工作,并承诺学生毕业后从事教师工作有编有岗等。

2018 年 7 月 30 日,国务院办公厅转发了《教育部直属师范大学师范生公费教育实施办法》,将"师范生免费教育"政策调整为"师范生公费教育"政策①,将履约服务期由 10 年调整到 6 年,将农村任教期限由 2 年调整到 1 年,并进一步细化了选拔录取、履约任教和激励等政策。这表明,师范生公费教育将长期成为我国吸引优秀人才从教、提升教师队伍素质的重要手段。

截至 2022 年,六所教育部直属师范大学已累计招收公费师范生十多万人,带动了 28 个省(区、市)实施地方院校师范生公费教育,每年培养补充 5 万余名毕业生到农村中小学任教,在优化教师培养补充机制、完善优秀生源吸引激励政策等方面发挥了补短板、促公平的导向作用[16-18]。

1.2　公费师范生调查研究的现状和缺陷

师范生公费教育政策是立足国情、以促进教育事业发展为目标的。对政策的研究必须以实证为依据,基于规范的社会科学方法进行分析。好的数据是好的实证研究的基础。总结公费师范生的相关文献,可以看出针对公费师范生的调查数据存在如下问题:

第一,抽样方法不严谨,调查样本缺乏代表性。大多数研究没有说明抽样原则。可以合理推测,这些调查主要是基于方便抽样,这就使得调查样本即使是在一所学校内部也不具有代表性,基于这些样本的数据分析和统计推断也极有可能存在偏差。这可能是不同研究的结论存在冲突的主要原因。

第二,大部分调查的样本没有包括非师范生。作为选择进入同一高校的大学生,公费师范生和非师范生具有可比性,因此,非师范生的情况对于公费师范生政策研究具有很强的参照价值。比如,通过对比两者之间人口统计学特征的差异,可以了解哪些因素会影响学生选择公费师范生;通过对比两者的学习状况,可以推断师范生公费教育政策对学生的影响,分析诸如工作保障、利他性动机等因素对于学习动机和学习成绩等的影响。

第三,缺乏关于公费师范生就业后情况的调查。虽然部分研究调查了学生

---

① 方便起见,下文将"师范生免费教育"统一称为"师范生公费教育",将"免费师范生"统一称为"公费师范生",不再一一说明。

就业后的工作情况,但由于实施调查的难度,多数只针对回校攻读教育硕士的群体,对公费师范生总体没有代表性。另外,为师范生提供公费教育只是师范生公费教育政策的手段,而非政策的目标。政策的真正目标在于鼓励优秀青年长期从教,改善落后地区的教育资源,改善教学质量。要了解师范生公费教育政策的影响,还需要从教学活动的对象即学生入手,研究政策对相关学生学业表现、心理健康等的影响。

第四,现有调查都是横截面调查(包含少量重复横截面调查),缺乏长期追踪调查,因此只能进行单一的、静态的分析,缺乏全面的、动态的分析。比如,许多研究涉及"教师职业认同",而对职业的认同感是一个不断变化的过程。尤其是在大学阶段,青年人从刚刚脱离应试教育、对专业一知半解,到接受充分的职业教育、为进入社会做好准备,他们对教师职业的认同是如何发展变化的? 最初的动机与学习过程中的投入是否相关,又如何影响后续的职业选择? 如果缺少对相同个体持续的追踪调查,这些问题就无法得到解答。

1.3   某部属师范大学 2016 级本科生追踪调查介绍

针对现有公费师范生调查的缺陷,2016 年,陕西师范大学教育实验经济研究所启动了"本科生追踪调查计划",旨在通过多轮调查,全方位了解某部属师范大学 2016 级本科生,尤其是公费师范生的基本情况,全景式展现学生在校期间的学习、生活情况,以及毕业之后的工作就业情况等,建立详细的数据监测体系和科学的数据分析系统。该调查立足部属师范大学学生群体,既有助于了解我国当代大学生群体的共性特征,又能充分反映公费师范生群体的独有特点,具有高度的学术价值。此数据和基于数据的后续研究可以回应上一节中提到的大多数研究问题。同时,可以科学地估计师范生公费教育政策的效果,为科学决策和政策倡导提供实证依据。

第一轮调查于 2016 年 8 月新生入学军训期间完成,旨在全方位了解 2016 级本科生的基本情况,调查对象包括 1978 名公费师范生和 2289 名非师范生在内的全体 2016 级本科生。调查内容包括本科生个人基本信息、家庭相关信息、大学志愿填报情况、选择公费师范生的原因、以后的打算、对教师职业的看法等方面。

第二轮调查于 2020 年 12 月完成,旨在了解 2016 级本科生在大学学习期间的基本情况和就业情况。调查包含本科生大学期间学习及实践情况、家庭经济情况、对已选择的专业及学校的满意程度、目前的工作情况及以后的打算、本人个性、对教师工作的看法等信息。调查开展时,2016 级本科生已经毕业走上工作岗位,所以通过发放电子问卷的形式完成调研,共收回有效问卷 2584 份,包括 1254 名公费师范生问卷和 1330 名非师范生问题,回收率为 60.4%。

为方便区分,本书将第一轮调查称为基线调查,将第二轮调查称为追踪调查。

第2章 师范生公费教育研究综述

自 2007 年《教育部直属师范大学师范生免费教育实施办法(试行)》发布以来,学者们对师范生公费教育和公费师范生进行了大量的研究。通过对现有文献的梳理发现,相关研究主要集中在以下几个方面:报考动机、对教师职业的认同感、在校学习情况、就业政策满意度和违约、就业去向,以及职业发展。

2.1 报考动机

数据显示,自 2007 年公费师范生政策实施以来,高考生积极报考公费师范生,生源数量充足,录取考生平均成绩大幅高于重点线,农村生源和男生比例有所提高,生源结构有明显改善[19]。这说明,学生具有充足的报考公费师范生的动机。关于公费师范生报考动机的文献通常将报考动机分为三种:就业有保障、经济原因("两免一补"政策)和教师职业理想。实证调查发现,师范生的报考动机存在功利化的特征:就业有保障和经济原因是学生选择公费师范生最重要的因素,远高于实现教师职业理想。对于农村学生和男生而言,经济因素在报考时起到的作用尤为突出,而相对来说,女生选择实现教师职业理想的比例更高[20-24]。

另外,在公费师范生填报志愿时,因为信息不对称造成错报、误报的现象也比较普遍。例如,在对陕西师范大学 2400 名公费师范生的调查中显示,仅有34.8%的公费师范生在签署协议时,对公费师范生教育政策完全了解[21]。在对西南大学 2007 级公费师范生的访谈中发现,有相当数量的学生是由于提前批次录取才误打误撞被公费师范生第一志愿录取[23]。

2.2　教师职业认同

教师职业认同不仅代表教师(或师范生)在现阶段对自己教师角色和使命认同的一种状态,也是个体在从事教育事业的过程中,不断发展、确认自己角色和职责的过程[25-26]。由于公费师范生还未真正进入教师职业,因此和一般教师的职业认同可能有所不同,关注他们的教师职业认同具有特殊的意义。有学者认为,师范生的教师职业认同由他们对自己教师和师范生双重身份的感知和体验组成。此外,由于当前的公费师范生政策规定了公费师范生承诺一定的服务期限、去中西部地区和农村地区从教的义务,也可能会对他们的教师职业认同造成一定的影响[27]。

在公费师范生教师职业认同的相关调查研究中,学者们对教师职业认同量表的选择具有一定的随意性,对具体的测试维度和测量工具还没有达成一致。这里我们只根据量表涉及内容的广度由小到大对当前的研究进行分类。第一类研究所使用的量表涉及调查对象对教师职业的主观评价和行为态度[28-30]。此类研究通常包括主观上对教师职业的偏好、对教师职业价值的认识、对教师职业外在特征的评价等,以及客观上是否有职前准备及不改变职业选择的行为。第二类研究在态度之外,增加了职业能力/自我效能感的维度,将对工作的胜任程度作为职业认同的一部分[31-33]。(第一类研究中有一些将职业效能感与职业认同分开,认为职业效能感对职业认同有正面影响[28]。)第三类研究在上述内容的基础上,又增加了职业价值观的维度[25]。职业价值观量表测量的是调查对象在选择职业时对不同维度(如社会地位、自我实现等)的倾向性,独立于实际的职业选择。其实质是从更宽的视角探索了调查对象的内在价值取向,以及这些价值取向对他们选择教师职业的影响。虽然前两类研究也涉及价值取向,但是这些价值取向是通过对教师职业的态度体现出来的,而非独立的职业价值态度。当然,不同的量表各有所长,很难说一种量表优于另一种量表。

实证研究结果基本都认为公费师范生的职业认同水平较高;在少量的包含公费师范生以外的群体的调查研究中,公费师范生比非师范生对教师职业的职业认同更高[33]。对于不同个体特征对教师职业认同的影响,研究普遍认为,女生的教师职业认同显著高于男生,无论是总分还是各具体维度均如此;从低年级到高年级，职业认同总分有下降的趋势。师范生在校期间感受到的教师的心理支持和专业支持对职业认同感有正向影响[28]。

此外，公费师范生的教师职业认同与学习动机、学业成就、专业满意度存在显著的正相关关系，且对学业成就有稳定的预测力[34-36]。对师范生就业以后心理状态的研究发现，较高的职业认同与就业后感到的压力负相关，与工作满意度正相关[29]。

有研究关注了从教前后教师职业认同的改变趋势。由于教师职业认同存在发展、变化的过程，是个体（自我）与环境（教师职业）持续作用的结果[27]，从教前后职业环境的变化会对师范生的教师职业认同产生重大的影响。有研究显示，进入教师岗位1年之后，师范生的教师职业认同水平在各个维度都显著地降低，尤其是工作满意度和领导力效能感维度。这一下降趋势与性别、所授科目、收入水平等因素有相关性[31]。但也有研究表明，实习经历能提高师范生的职业认同感和职业承诺等[37]，实习的满意度和获得的来自实习指导教师等重要他人的社会支持对职业认同有正向影响[38-40]。

2.3　在校学习情况

关于公费师范生学习情况的研究主要围绕学习动机、学习自我效能感、专业课程学习情况等方面展开。

一些研究认为，公费师范生的学习动力较足，学习态度端正，重视专业学习，并且内部学习动机显著高于外部学习动机[35,41]。但研究也发现了公费师范生的一些问题，如存在逃课现象，学习自我效能感不强，自我学习管理能力欠缺，对科研活动积极性不高，参加专业课答疑活动的比例很低等[41-43]。

公费师范生的学习动机与年级有显著的相关性。在对陕西师范大学2007—2011级公费师范生进行的调研中发现，选择"缺乏动力"和"认为学习不必费力"的比例随着年级的增高而增长，大四学生比例高达60%左右[44]。类似地，对东北师范大学公费师范生的学习动机的研究发现，一年级公费师范生的学习动机显著高于其他年级[45]。

关于公费师范生和非师范生学习动机/学习成绩的差异，当前的研究并未得到一致的结论。对华东师范大学840名本科生的调查发现，公费师范生的学习动机低于非师范生[42]。使用陕西师范大学 2005—2009 级学生的成绩数据的研究发现,公费师范生的公共课成绩低于非师范生,也低于公费师范生政策实施前招收的非师范生[44]。而使用东北师范大学 500 名学生的调查数据的研究发现,公费师范生的学习动机高于非师范生[45]。基于北京师范大学 384 名学生的研究表明,公费师范生在学习投入的自我要求和学习收益维度得分均高于非师范生[46]。使用华中师范大学 375 名学生的调查数据的研究发现,公费师范生和非师范生的学习动机总体没有显著差异,但公费师范生与非师范生相比,喜欢更具挑战性的工作,有更强的内生性学习动机[47]。

事实上,师范生公费教育政策对于公费师范生学习的影响存在两种方向截然相反的机制:公费师范生的就业保障、对于转专业和报考硕士的限制降低了他们学习的积极性;但对教师职业的认可和强烈的利他动机又会提高他们的学习积极性。总体影响的变化可能是这两种影响此消彼长的结果。这两种作用机制在文献中已经获得了关注和初步的数据支持[35];然而,关于更详细的作用机制和因果关系的大小,可能限于数据的可得性,目前还没有实证研究能给出准确的估计。

最后,值得注意的是,本节虽以"在校学习情况"为标题,但文献中却缺乏衡量"在校学习情况"成果的客观指标,如 GPA、四六级成绩、班级排名、获奖学金情况等。除了少量研究[35,44,48,49],大多数研究事实上是使用了一些迂回的指标,如学习投入、学习动机、自我效能感等来衡量学生在校的学习情况。虽然这些主观指标确实和学业表现高度相关,但毕竟缺乏客观性,无法用来代表学生在大学期间实际的人力资本积累。因此,不同群体的学业表现,以及学业表现与其他指标的关系也是下一步需要重点关注的话题。

2.4　就业政策满意度和违约

师范生公费教育政策包含就业方面的强制性规定,可以总结为四项义务:一是回生源所在省份中小学任教;二是毕业后从事中小学教育十年以上(2018 年调整为六年以上);三是到城镇学校工作的公费师范生应先到农村义务教育学校任教服务两年(2018 年调整为一年);四是不得报考脱产研究生。强制性的就业政策是实现师范生公费教育政策目标的必要保障,但同时也会限制公费师范生在劳动力市场上的流动,损害毕业生的个人利益。因此,公费师范生对就业政策的满意度、违约意愿和实际违约情况,也成为研究关注的焦点。

关于公费师范生对强制性就业政策的态度,现有文献有如下发现:第一,公费师范生希望自主选择就业地域,而不是仅限于生源省。例如,对东北师范大学连续五年回校攻读教育硕士的公费师范生进行调研发现,五届学生不赞同"回生源省任教"这一政策的比例为42%,很多公费师范生希望留在就读大学所在地工作和生活[50]。第二,绝大多数公费师范生认为政策规定的十年服务期限过长,制约了对个人目标的追求和职后发展。关于长期从教意愿,部分公费师范生表示当初报考时具有一定的盲目性,并不十分确定自己四年大学生活后会继续从教[51]。第三,大部分公费师范生希望向条件更好的地区发展,导致公费师范生毕业后不愿意回农村支教[51]。对东北师范大学连续五届回校攻读教育硕士的公费师范生进行的调查发现,平均而言,不认同"回农村任教"政策的毕业生比例为69%[50]。第四,不能报考脱产研究生的限制一方面导致学生求学动力下降,另一方面阻碍了毕业生的职务晋升。例如,有学生表示,如果想要读研,公费师范生只能在一年之后申请本校的免试教育硕士,这导致自己上学期间没有找工作和考研的压力,求学就缺乏动力[52]。由于教育硕士的学历证书为非全日制,一些用人单位不认同此学历证书,影响毕业生的职务晋升[53]。一项调查显示,相对于其他就业限定,公费师范生对不得报考脱产研究生的规定是最为不满的,回答非常不认同和不太认同的比例达到66.2%[54]。

关于公费师范生的实际违约情况,数据显示,虽然公费师范生的违约情况是存在的,但是这一比例非常小。根据《人民日报》记者收集到的17个省区的4821名首届公费师范生的就业数据显示,违约的公费师范生约占0.9%,另外有5.5%的公费师范生存在与政策规定的就业去向不一致的情况,包括没有正常毕业、休学和跨省就业等[55]。对六所部属师范大学首届公费师范生进行的抽样调查显示,在1852名样本中有42人违约,违约比例为2%。在这42人中,有10人是本科毕业后违约,有21人是工作一年后违约,有11人是工作两年后违约[52]。对某部属师范大学第二届公费师范生进行调查发现,与2011年相比,公费师范生的违约呈现增长的趋势[56]。对公费师范生违约后去向的调查非常少,这是当前研究的一个缺陷。

邹玉梅等尝试运用心理契约的概念进行公费师范生违约原因的分析:在学生接受公费师范教育的过程中,他们对于自己、学校、相关部门和国家如何承担责任、履行义务有了主观上的理解和期待[57]。违约的原因主要包括:对教师职业不喜欢、对工作情况不满意、希望继续深造等。对华东师范大学在校公费师范生进行问卷调查同样发现,公费师范生的报考原因会对就业后是否选择违约产生重大影响。喜欢教师职业的学生比不喜欢的学生违约的可能性更低,对师范生公费教育政策了解的学生比不了解的学生违约的可能性更低,出于公费政策报考的学生比没有考虑公费政策的学生违约的可能性更低[57]。

由于退出机制不健全,公费师范生普遍表示违约困难。公费师范生的退出机制分为两个层次,一是在校时转专业退出,二是就业后退出。根据《教育部直属师范大学师范生公费教育实施办法》,公费师范生要严格履行协议,未按协议从事中小学教育工作的,须退还已享受的公费教育费用并缴纳违约金。在公费师范生违约形式的研究中,学者们认为违约形式主要有四种:没有从教、任教地区不符合规定、未能就业、被开除学籍或自动退学[56-57]。后慧宏等对公费师范生违约进行了案例分析,部分学生表示,如果入学后发现自己对所学专业没有兴趣,想要转专业基本没有可能。此外,毕业时学校的就业指导中心表示不受理公费师范生的违约问题,导致学生的诉求得不到解决[58]。

2.5　就业去向

关于公费师范生就业情况的相关调查普遍认可公费师范生签约率较高,可基本保障全员就业。在毕业前夕对北京某师范大学首届公费师范生的调查发现,公费师范生的签约率达到90.98%,其中94.59%的公费师范生回到了生源所在省份任教[59]。付卫东等对6所部属师范大学1200名公费师范生的调查结果显示,在毕业前,已有90.8%的公费师范生确定了工作去向[60]。一项对华中某部属师范大学417名首届公费师范生的调查同样发现签约情况良好[61]。一项对华东师范大学第三届公费师范生的调查发现,截至调查,仅有7%的毕业生还无就业意向[62]。实际上,在公费师范生毕业前夕,教育部会统筹安排各地区保障毕业生到中小学就业时有编有岗,根据付卫东和付义朝的调查统计,66.3%的首届公费师范生是通过本人和学校的双向选择进行就业[63]。

在公费师范生就业选择与就业政策一致性方面,研究发现就业政策目标仅得到了部分实现。首届公费师范生中有63.0%在普通高中工作,有20.6%在普通初中工作,有4.5%在普通小学工作,有6.4%在职业学校或中专工作,在其他单位工作的占5.4%。其中,在重点学校工作的有42.7%,在普通学校工作的有57.3%[63]。在就业地区层次方面,一项在2014年组织的对部属师范大学的调查发现,在已毕业的公费师范生中,留在省会城市的占调查人数的56.55%,留在地级市的占39.45%,到区县的占3%,到乡镇的仅占1%[64]。但白贝迩和谭苗苗针对部属师范大学首届公费师范生的问卷调查发现,调查涉及的1852名毕业生中有389人留在省会城市工作,占21.0%;698人在地级市,占37.7%;留在县城和村镇的有765人,占41.3%。以上两项调查涉及的比例差异较大,不清楚哪一个数据更能代表部属师范大学公费师范生就业层次的真实情况。对东北师范大学的五届公费师范生进行的调查研究发现,有32%的毕业生签约乡镇及以下中小学[50]。对华东师范大学的调查发现,大部分毕业生在省会城市工作,前往县、乡、农村服务的毕业生比例不高,未超过20%[62]。

总体来看,绝大多数公费师范生选择投身我国的基础教育事业。但是,由于师范毕业生较为稀缺,部属高校的师范生就业层次较高,从客观上并没有起到均衡教育资源、弥补城乡差距的作用。对华东师范大学的第一届和第二届2009名公费师范生的调研发现,公费师范生对各省市的就业政策和操作细节不了解,这在一定程度上造成了部分公费师范生就业选择与就业政策不太一致的结果[65]。

一些研究调查了师范生在即将毕业或刚刚毕业这个时间节点上对于自己就业情况的满意程度。付卫东和付义朝对首届公费师范生的就业满意度进行了调查,结果显示,对自身就业情况"非常满意""比较满意"和"一般"的毕业生毕业生比例分别为6.3%、35.2%和39.1%,对自身就业情况"不太满意"和"很不满意"的毕业生比例分别为13.8%和5.6%[63]。王乃一和何颖在对华东师范大学2013届1470名公费师范生的调查中发现,公费师范生对签约的工作非常满意和满意的比例为67%,不满意的比例为4%[62]。这表明公费师范生对就业情况完全不满意的比例很低,这与商应美对东北师范大学的研究结果类似[66]。此外,调查表明在城市、高中以上单位或重点学校就业的毕业生就业满意度远高于在农村、小学初中或非重点学校就业的毕业生[63]。

2.6　职业发展

对公费师范生就业后的工作情况的研究主要集中在工作内容、工作压力、职后发展和工作满意度方面。

在工作内容方面,商应美和于爽对某部属师范大学连续五届回校攻读教育硕士的 4106 名公费师范生进行调研发现,五届公费师范生就业后从事的工作大多和在校所学专业相符,相符率超过 86.5%。多数公费师范生从事教学和管理相结合的工作,这有利于锻炼他们多方面的能力。此外,将近 40% 的公费师范生在从事两年的教学和管理工作后能够担任班主任,这说明他们在任教期间工作能力得到了锻炼,能够胜任本职工作[53]。

与此同时,公费师范生工作后也面临着一定的压力。这种压力主要来源于两个方面,教学压力和经济压力。对湖南省公费师范生进行的调查研究发现,有 43.02% 的人的主要压力源是教学压力,具体体现为所教学生基础差,而且统考要排名。有 37.21% 的人的主要压力源是经济压力,公费师范生普遍工资不高。调查显示,表示会一直从事中小学教育的公费师范生比例非常低,仅占 4.84%。教学和经济的双重压力导致了部分公费师范生工作满意度的下降[67]。

在职后发展方面,部分公费师范生选择继续深造,攻读教育硕士专业学位。究其原因,超过 70% 的公费师范生是为了学习更多的专业知识,52.6% 的公费师范生是为了评职称,还有 47.5% 的公费师范生是为了提高收入水平[68]。但是教育硕士也存在一些问题,教育硕士生普遍表示工作和学习难以完全兼顾、学习费用高、学习时间难以保证、学习质量难以保证,而且公费师范生对论文指导的需求很高。同时,师范生公费教育政策对服务期限的要求也限制了部分公费师范生向更高的平台发展,导致部分毕业生工作满意度下降,对自身事业前景产生消极态度[53]。

在工作满意度方面,多项研究显示,只有少数公费师范生对自己的工作非常满意。对陕西师范大学毕业一年后的公费师范生进行调查的结果显示,对自己目前的工作状况感到非常或者比较满意的毕业生比例为24.5%,满意程度一般的毕业生比例为41.9%,非常或者比较不满意的毕业生比例为33.5%[68]。同样地,对湖南省公费师范生的工作满意度的统计结果显示,对当前工作很满意和比较满意的毕业生比例为48.84%,对当前工作不太满意、不满意或者很不满意的毕业生比例为51.16%[67]。

第3章 学生基本情况

3.1 基本情况描述

3.1.1 个人信息

基线调查的样本覆盖 2016 级本科生共 4267 人。图 3 - 1 到图 3 - 6 分别按性别、年龄、民族、户口类型、地区和是否为共产党员显示了样本学生的分布。从性别分布来看,女生比例为 74.5%,男生比例为 25.5%,男女比例约为 1:3。从年龄分布来看,入学时年龄为 18 岁的学生比例最大,为 54.4%,年龄为 19 岁的学生比例为 20.2%,年龄为 17 岁及以下的学生比例为 18.6%,20 岁及以上的学生比例最小,为 6.7%。从民族分布来看,85.8% 的学生为汉族,14.2% 的学生为少数民族。从户口类型分布来看,城镇户口的学生比例(50.8%)略高于农村户口的学生比例(49.2%)。从地区分布来看,来自西北地区的学生比例(44.7%)最高,其次来自华中地区的学生占 13.0%,西南地区的学生占 11.8%,华北地区的学生占 9.4%,华南地区、华东地区和东北地区分别占 8.9%、8.8% 和 3.4%。98.5% 的学生在入学前未加入中国共产党。

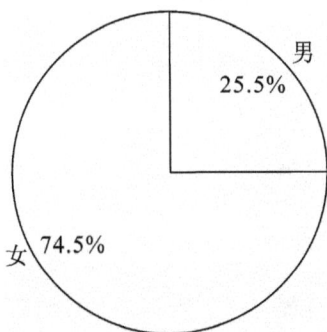

图 3 - 1　学生性别分布

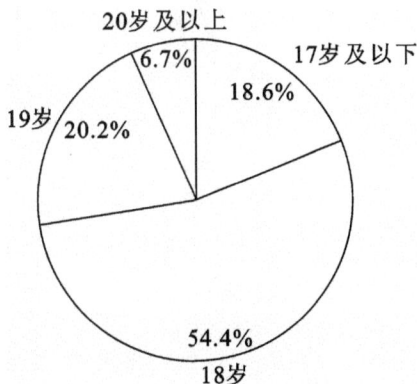

图 3 - 2　学生年龄分布

少数民族
14.2%

85.8%
汉族

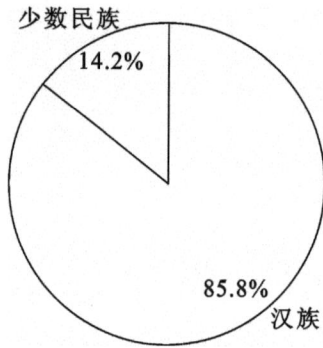

图 3 - 3 学生民族分布

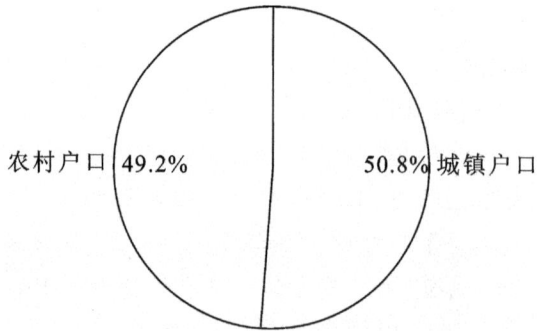

农村户口 49.2%

50.8% 城镇户口

图 3 - 4 学生户口类型分布

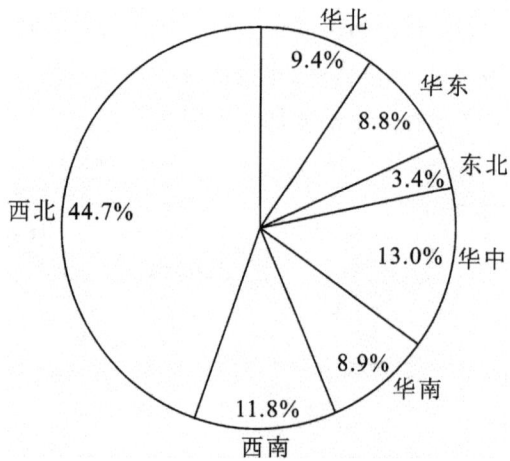

华北
9.4%

华东
8.8%

东北
3.4%

西北 44.7%

13.0% 华中

8.9%
华南

11.8%
西南

图 3 - 5 学生地区分布

共产党员

1.5%

98.5%

非共产党员

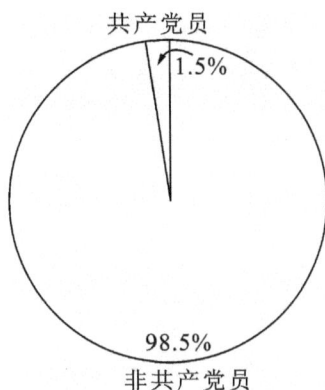

图 3 - 6　学生共产党员的分布

3.1.2　家庭基本情况

如图 3 - 7 所示,2016 级本科生中独生子女与非独生子女人数基本相当,其中独生子女 2126 人,占 49.8%,非独生子女 2141 人,占 50.2%。

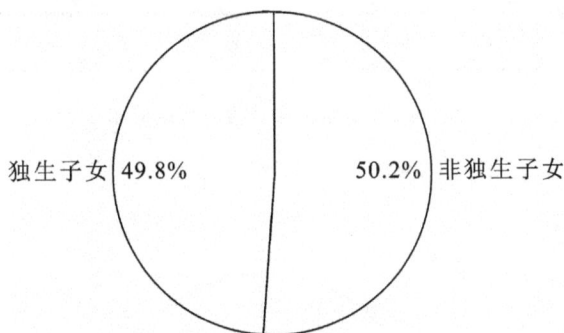

独生子女 49.8%　　　50.2% 非独生子女

图 3 - 7　学生是否为独生子女

学生父母受教育程度的分布如图 3 - 8 所示。初中学历的父母比例最大,分别为 33.5% 和 30.5%。父亲的受教育程度普遍高于母亲的受教育程度,父亲获初中、高中或中专、大专及以上学历的比例均高于母亲。

如图 3 - 9 所示,有 29.8% 的学生父亲或母亲拥有大专以上学历,也就是说,70.2% 的学生是家庭第一代大学生。

关于父亲的职业,如图 3 - 10 所示,填写"务农"和"打工"的学生人数所占比例较高,分别为 24.2% 和 22.5%,两者比例之和近半,其他职业如工人、经商、教师和政府官员分别占 17.1%、12.4%、7.3% 和 6.9%。而母亲的职业,填写"务农"的学生人数比例仍为最高,为 25.8%。与父亲的职业不同的是,填写

"只做家务"的学生比例(17.4%)要高于"打工"的比例(16.3%),其他职业如工人、经商、教师和政府官员分别占11.8%、8.7%、8.5%和3.0%。

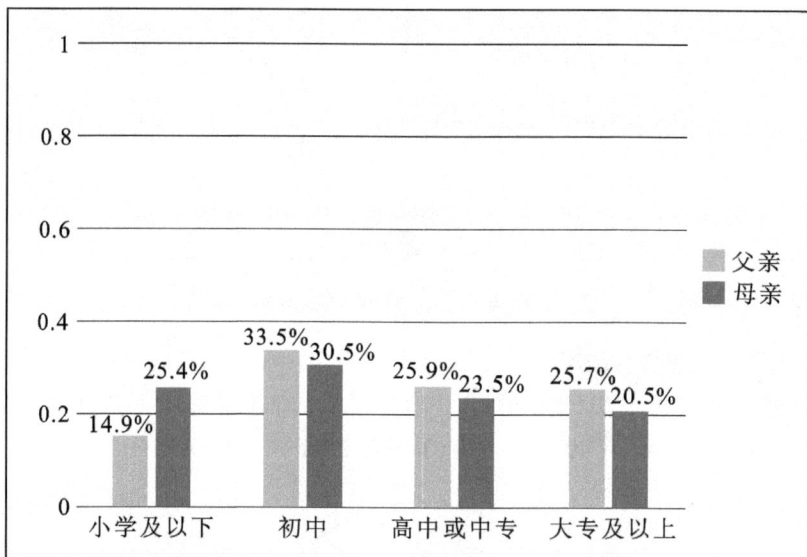

图3-8　学生父母受教育程度分布

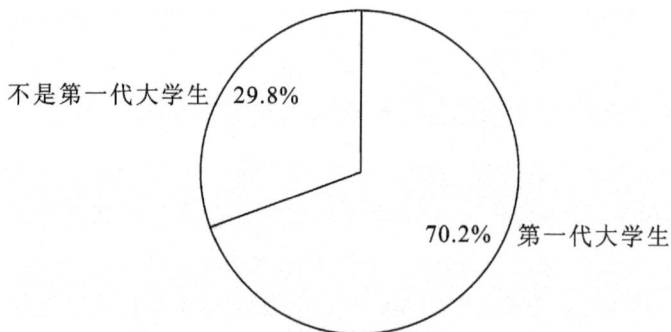

图3-9　学生是否为家庭第一代大学生

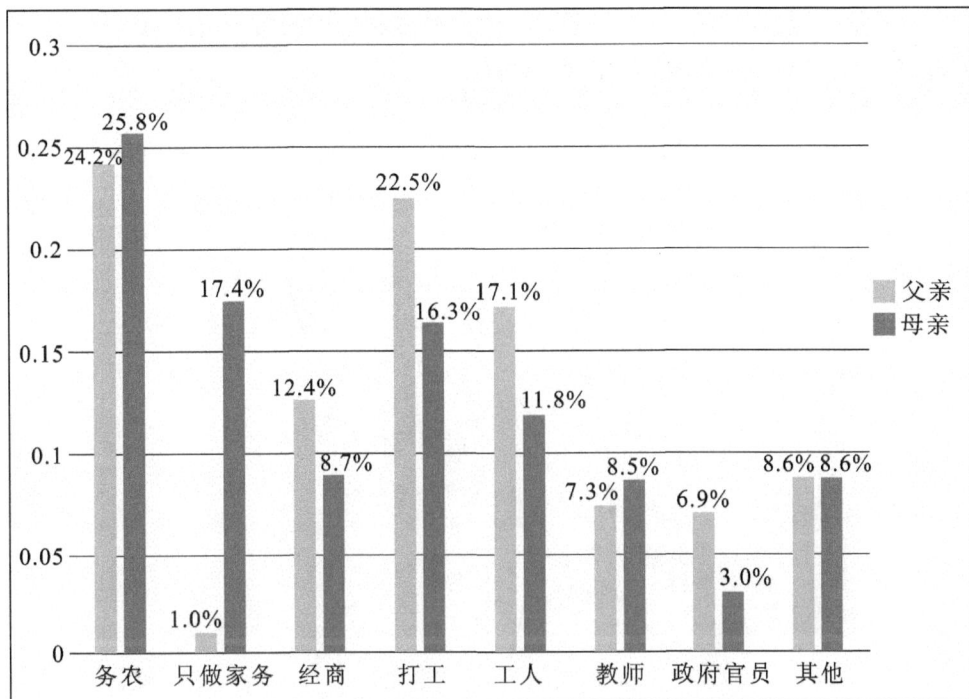

图 3-10 学生父母职业分布

3.1.3 学习经历

如图 3-11 所示,样本中来自省级示范性高中的学生比例最大,为44.2%,来自市级示范性高中的学生比例为 18.3%,来自普通高中的学生比例为 37.5%。如图 3-12 所示,来自重点班级的学生比例为 57.7%,来自普通班级的学生比例为 29.1%,剩余比例为 13.3%。剩余两类主要分为以下几种情况:一是学校不分重点班和普通班;二是从重点班转入普通班或者从普通班转入重点班;三是艺术特长班。

如图 3-13 所示,样本中有 10.8% 的学生是复读生,其余 89.2% 的学生为应届生。如图 3-14 所示,有 70.9% 的学生将本校作为第一志愿报考。如图 3-15 所示,有 92.0% 的学生通过普通高考的方式进入大学,而其他学生则是通过保送、定向招生、自主招生、专项计划、预科、艺考、体育单招等方式进入大学。

如图 3-16 所示,学生进入大学后,就读人文类别的人数最多,共 1491 人,占 34.9%。理科人数次之,共 1423 人,占 33.3%。再次为社科,共 971 人,占 22.8%。工科人数最少,共 382 人,仅占 9.0%。

从是否为公费师范生来看(图3-17),样本学生中公费师范生有1978人,占46.4%,非师范生2289人,占53.6%。

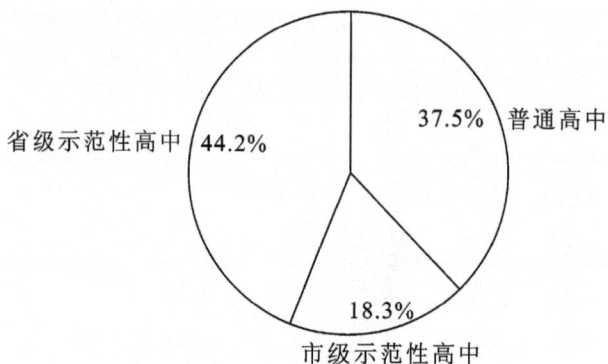

图3-11 学生高中类型分布

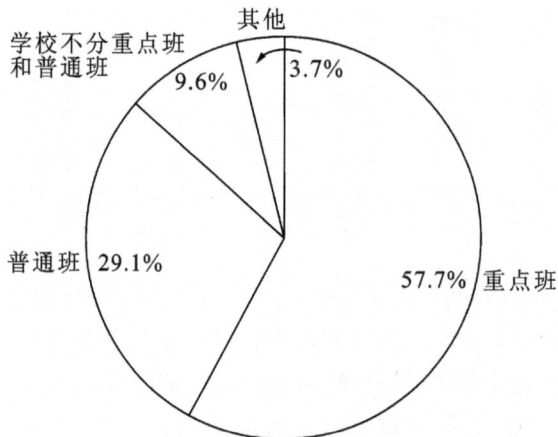

图3-12 学生高中班级类型分布

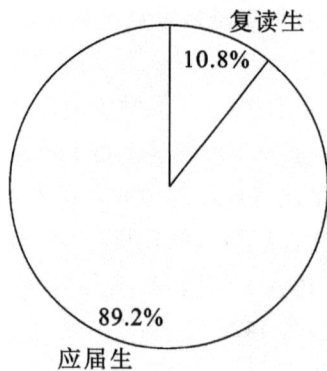

图3-13 学生是否为复读生

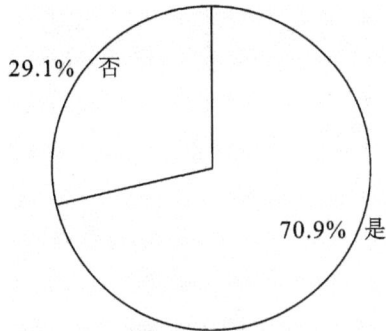

图 3 – 14　学生是否将本校作为第一志愿填报

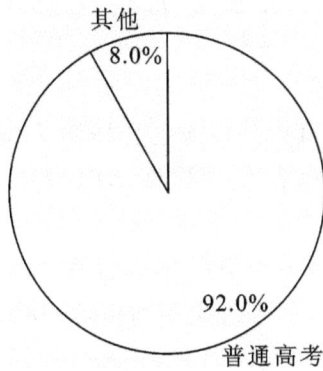

图 3 – 15　学生进入大学的渠道

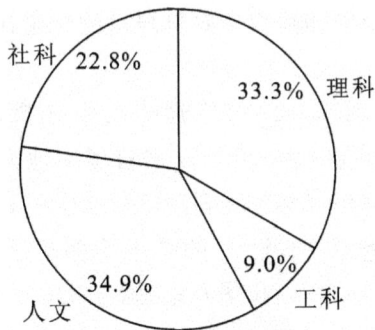

图 3 – 16　学生学科类别分布

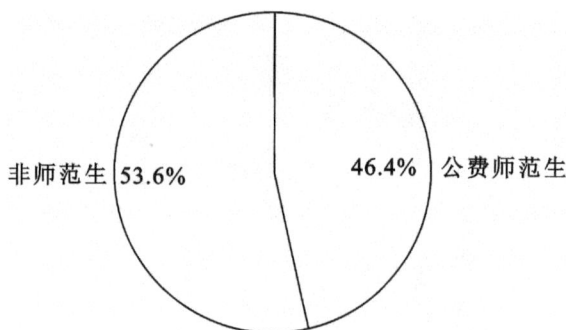

图 3 - 17　学生是否为公费师范生

3.2　公费师范生和非师范生基本情况的对比

3.2.1　个人信息对比

样本学生共 4267 人,其中公费师范生 1978 人,非师范生 2289 人。

如图 3 - 18 所示,非师范生中男性比例(26.4%)略高于公费师范生(24.5%)。

如图 3 - 19 所示,17 岁及以下和 18 岁这两个群体中,非师范生比例均高于公费师范生。总体来看,非师范生平均年龄(18.1 岁)略低于公费师范生(18.2 岁)。

如图 3 - 20 所示,公费师范生中少数民族学生比例(16.6%)高于非师范生(12.0%)。

如图 3 - 21 所示,公费师范生中农村户口的学生比例(52.6%)也高于非师范生(46.2%)。

在地区分布方面(图 3 - 22),非师范生中来自西北地区的学生比例(46.0%)略高于公费师范生(43.2%),来自华中地区的学生比例(14.7%)和华南地区的学生比例(11.6%)高于公费师范生(11.1%和5.7%),来自华北地区(9.8%)和东北地区(3.8%)的学生比例高于公费师范生(8.9%和3.0%),来自西南地区(6.3%)和华东地区(7.8%)的学生比例均低于公费师范生(18.2%和9.9%)。

在入党方面(图 3 - 23),绝大多数学生还未入党,非师范生共产党员的比例(1.7%)略高于公费师范生(1.2%)。

在家庭第一代大学生方面(图 3 - 24),公费师范生中为家庭第一代大学生的比例(72.7%)高于非师范生(68.1%)。

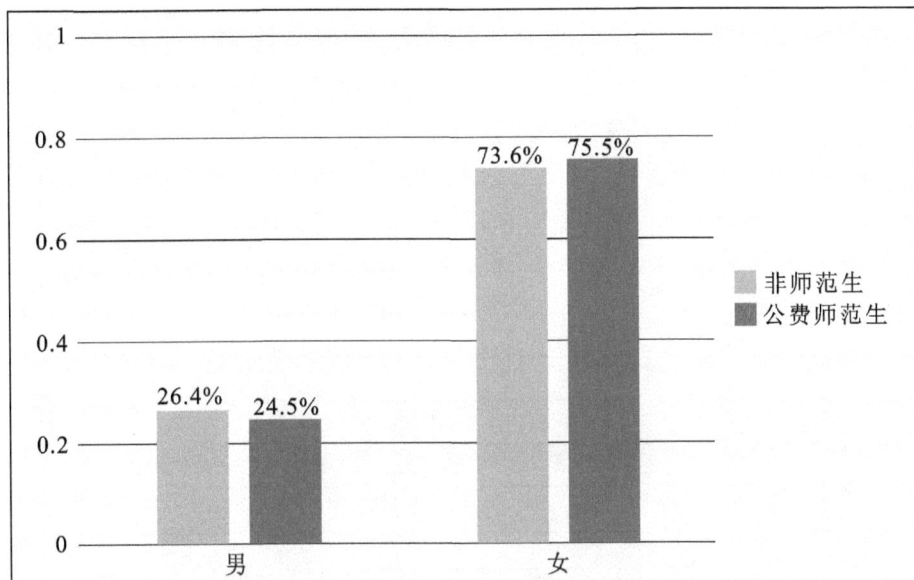

图 3 - 18 公费师范生和非师范生的性别分布

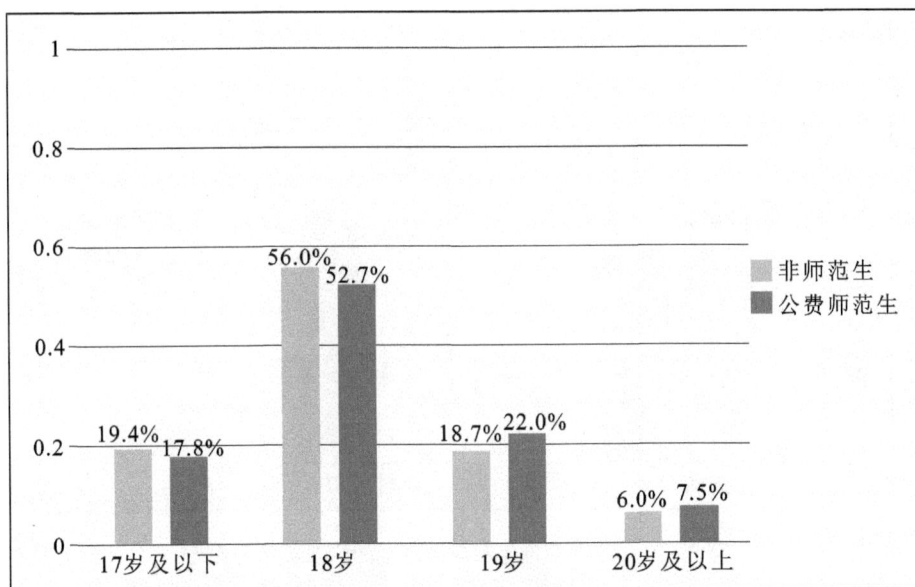

图 3 - 19 公费师范生和非师范生的年龄分布

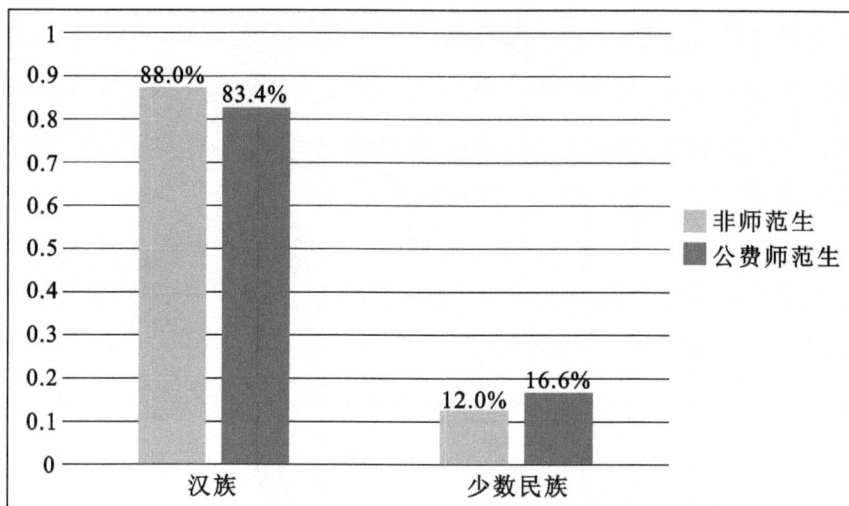

图 3-20　公费师范生和非师范生的民族分布

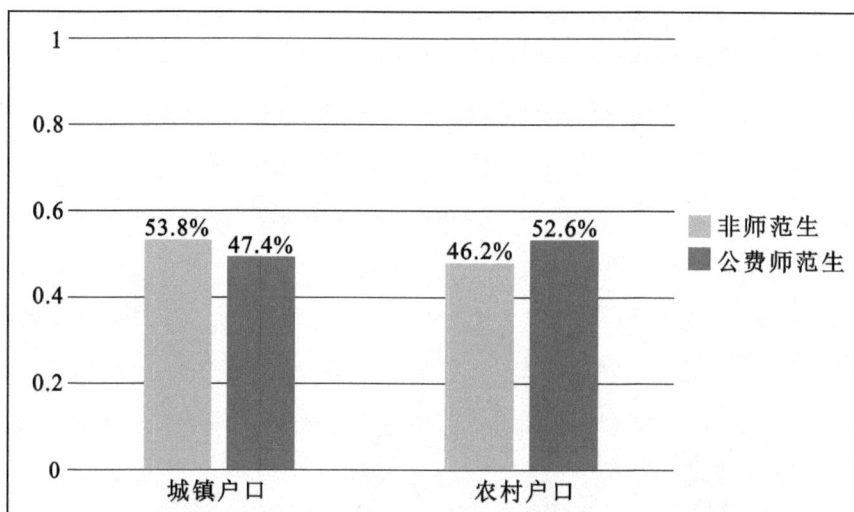

图 3-21　公费师范生和非师范生的户口类型分布

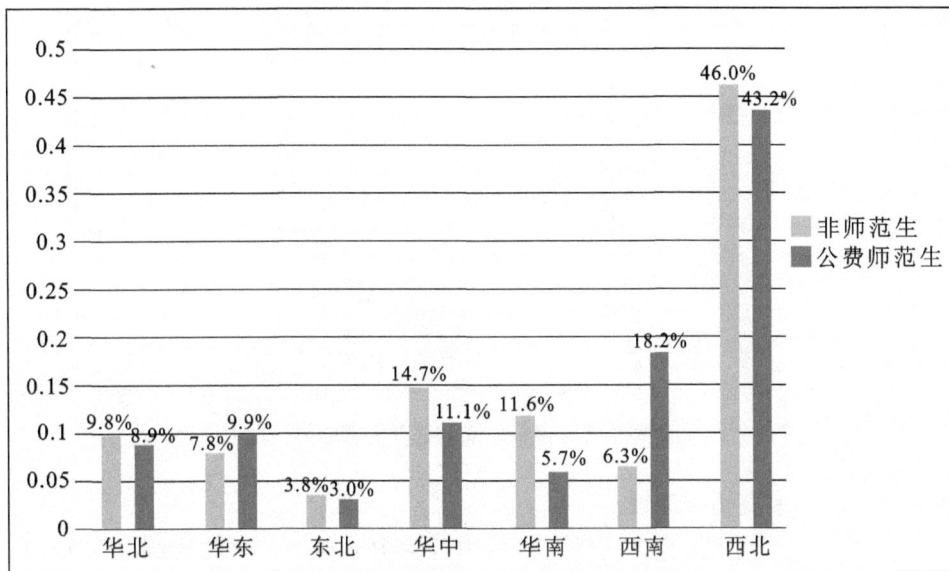

图 3 - 22　公费师范生和非师范生的地区分布

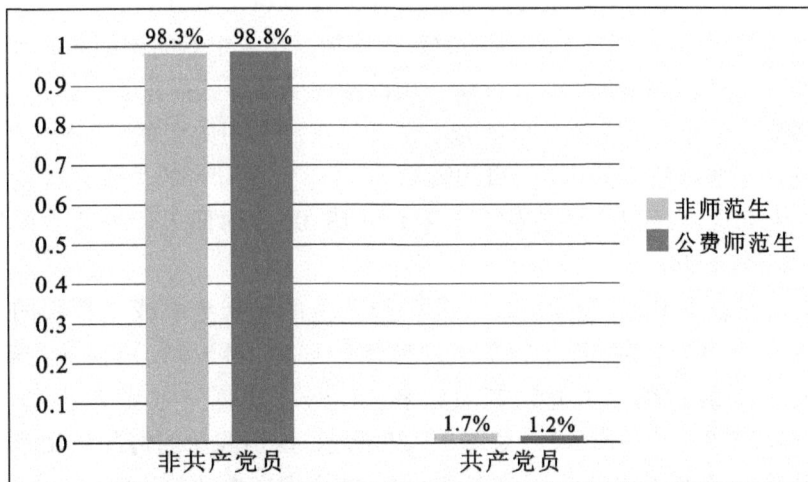

图 3 - 23　公费师范生和非师范生共产党员的分布

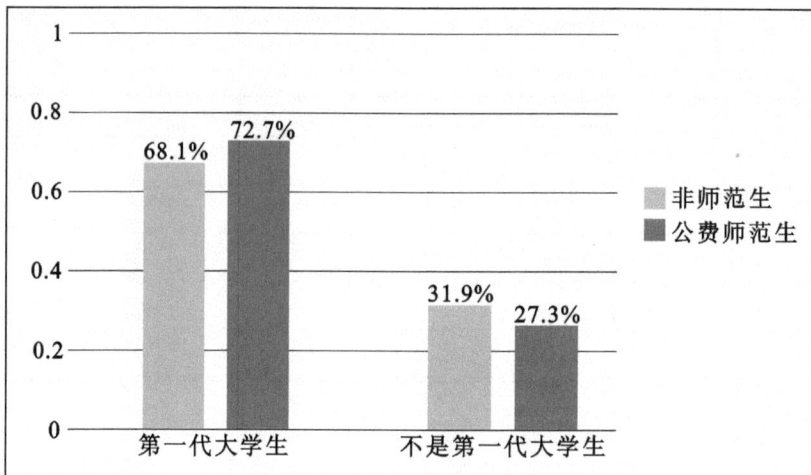

图 3 - 24　公费师范生和非师范生是否为家庭第一代大学生

3.2.2　家庭情况对比

从家庭结构来看(图 3 - 25),公费师范生中非独生子女的比例(53.5%)高于非师范生中的比例(47.3%)。

从父亲的受教育程度来看(图 3 - 26),公费师范生中父亲的受教育程度为小学及以下和初中的比例(17.0%和 34.8%)均高于非师范生的比例(14.9%和31.7%),父亲的受教育程度为大专及以上的比例(22.8%)低于非师范生的比例(27.7%),父亲的教育程度为高中或中专的比例和非师范生基本持平,分别为 25.5%和 25.7%。从母亲的受教育程度来看(图 3 - 27),公费师范生中母亲的受教育程度为小学及以下和初中的比例(28.9%和 30.3%)均高于非师范生的比例(24.0%和 30.1%),而母亲的受教育程度为高中或中专和大专及以上的比例(22.8%和 18.0%)均低于非师范生的比例(23.7%和 22.3%)。

从父亲职业来看(图 3 - 28),公费师范生的父亲务农或当教师的比例(27.5%和 9.1%)要高于非师范生的比例(21.3%和 5.7%),而父亲经商、打工或工人的比例(10.4%、22.1%和 15.8%)均低于非师范生的比例(14.2%、22.9%和18.2%)。如图 3 - 29 所示,母亲职业的情况和父亲职业的情况类似,公费师范生的母亲务农(28.3%)或当教师的比例(10.2%)高于非师范生的比例(23.6%和 7.1%),而母亲经商、工人或政府官员的比例(8.1%、10.6%和2.5%)低于非师范生的比例(9.2%、12.8%和 3.3%)。

按家庭社会经济地位将样本学生分为家庭社会经济地位排名在 25%以

下、25%—75%、大于 75% 三部分人群。从家庭社会经济地位来看(图 3 - 30),公费师范生排名在 25% 以下的比例(29.1%)高于非师范生的比例(23.1%),而排名大于 75% 和中间 50% 的比例(22.1% 和 48.8%)均低于非师范生的比例(26.1% 和 50.8%)。

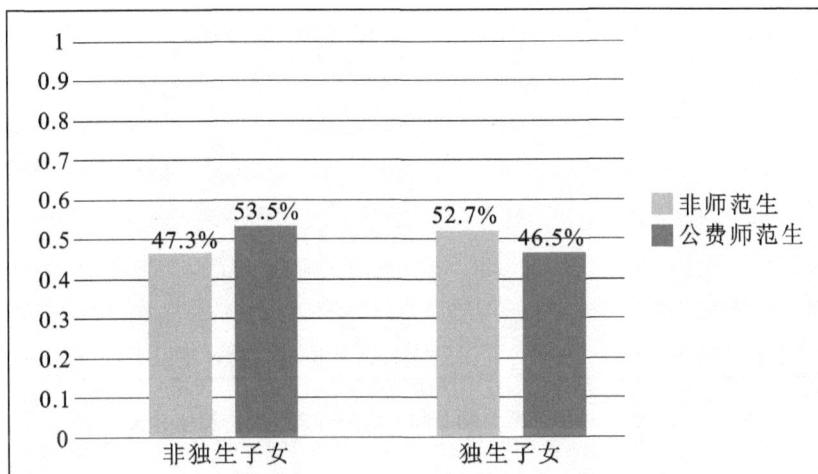

图 3 - 25　公费师范生和非师范生中独生子女比例的分布

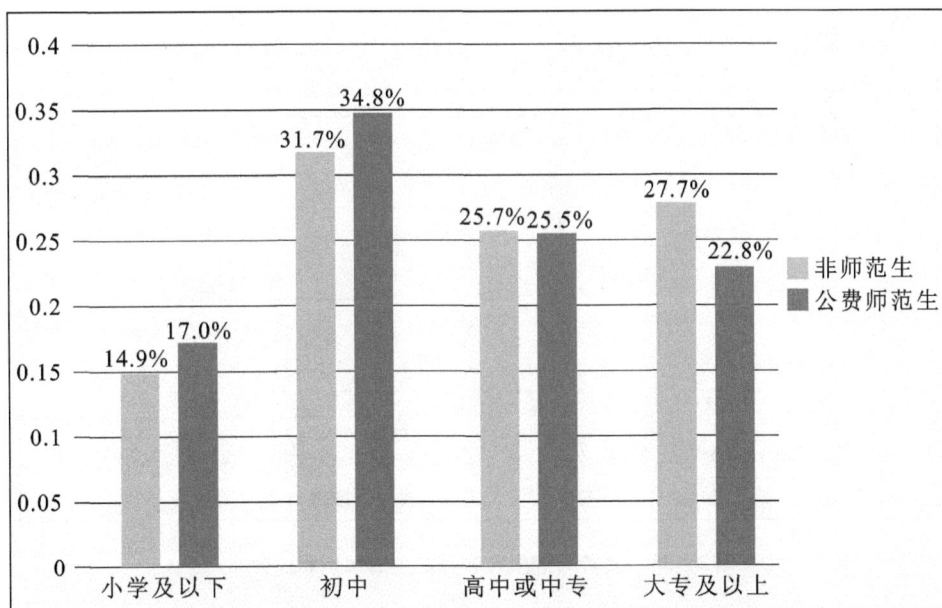

图 3 - 26　公费师范生和非师范生的父亲受教育程度分布

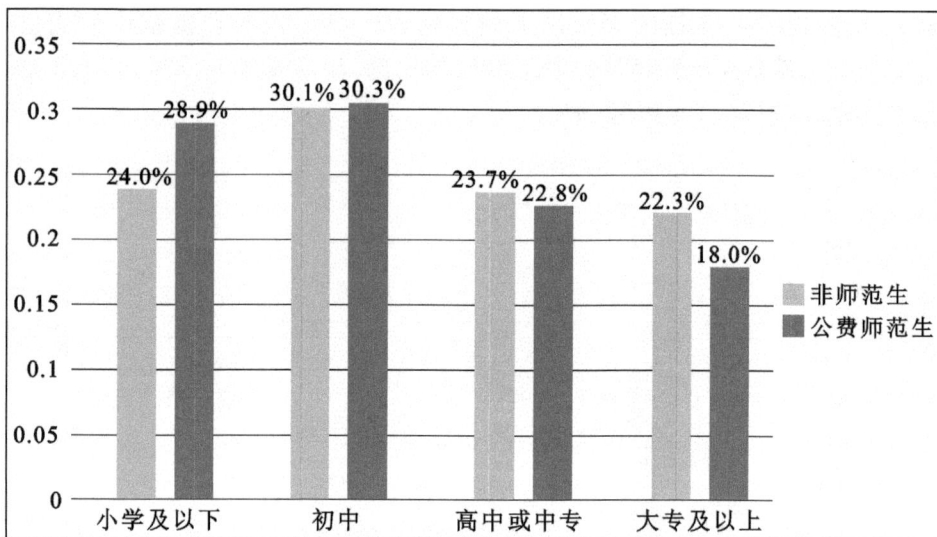

图 3-27　公费师范生和非师范生的母亲受教育程度分布

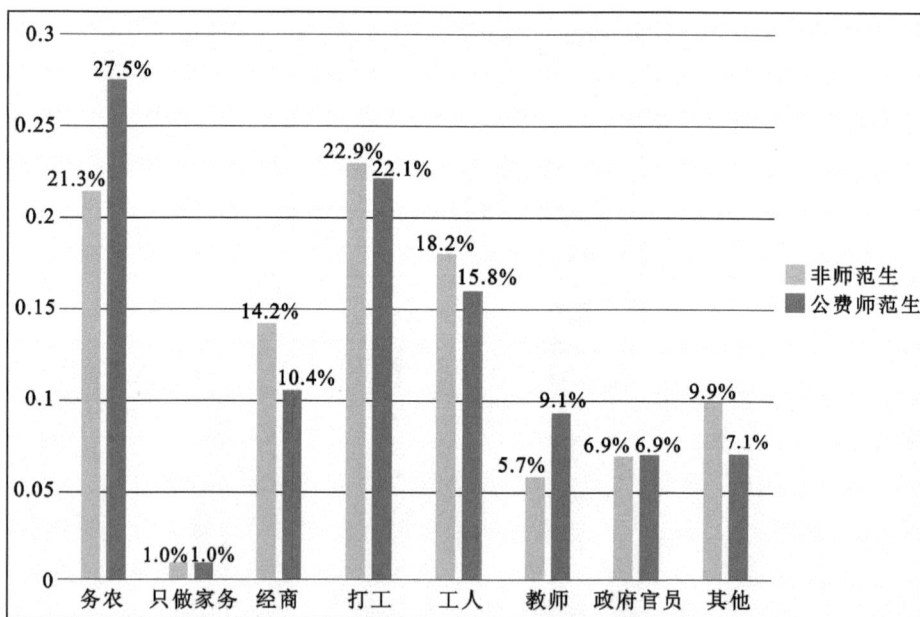

图 3-28　公费师范生和非师范生的父亲职业分布

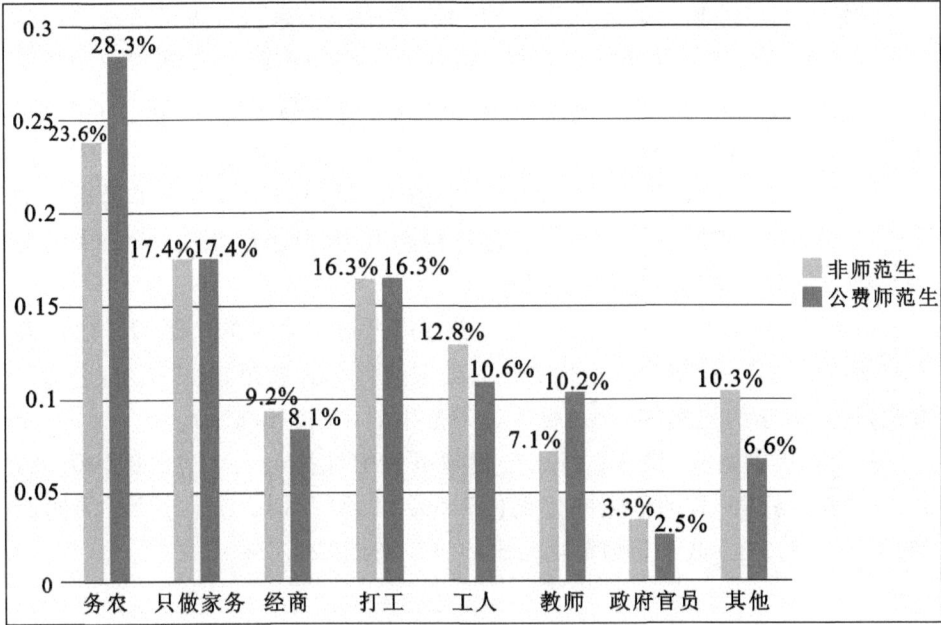

图 3-29 公费师范生和非师范生的母亲职业分布

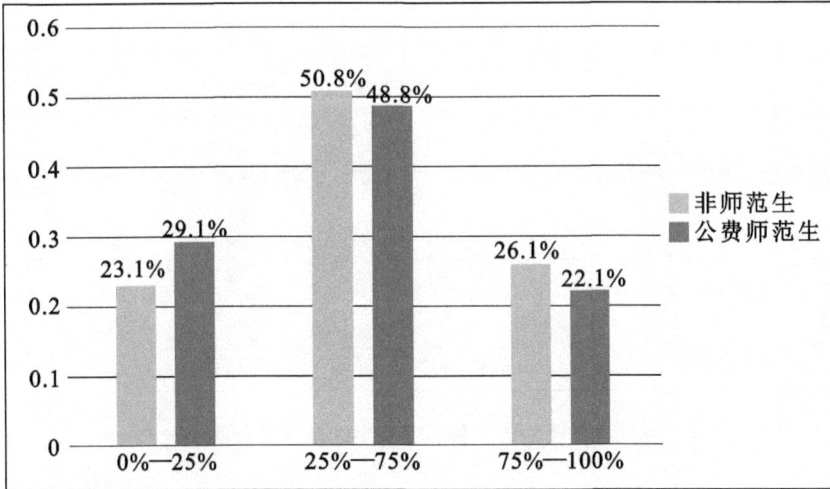

图 3-30 公费师范生和非师范生的家庭社会经济地位分布

3.2.3 学习经历对比

从毕业高中的类型来看(图 3 - 31),公费师范生来自省级示范性高中的比例(42.0%)低于非师范生的比例(46.1%),来自市级示范性高中的比例(18.7%)高于非师范生的比例(18.0%),来自普通高中(39.3%)的比例也高于非师范生的比例(35.9%)。

如图 3 - 32 所示,公费师范生中复读生的比例(12.1%)高于非师范生的比例(9.6%)。如图 3 - 33 所示,公费师范生第一志愿报考本校的比例(92.4%)远高于非师范生的比例(52.3%)。

如图 3 - 34 所示,公费师范生通过普通高考进入大学的比例(95.1%)高于非师范生的比例(89.2%),而通过其他渠道(保送、特招、自主招生、艺考等方式)进入大学的比例(4.9%)低于非师范生的比例(10.8%)。

从学科类别来看(图 3 - 35),公费师范生中理科与人文的比例(40.0%和 36.4%)要高于非师范生的比例(27.6% 和 33.7%),工科与社科的比例(5.3% 和 18.3%)低于非师范生的比例(12.1% 和 26.6%)。

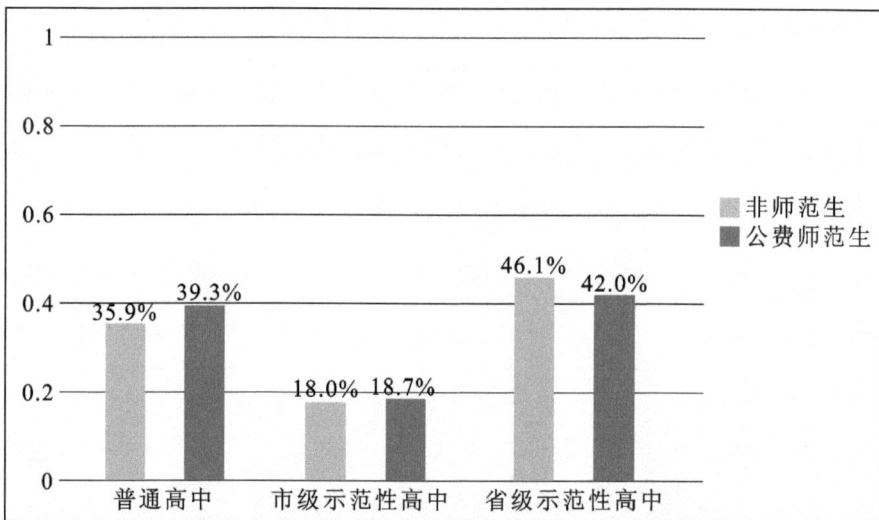

图 3 - 31 公费师范生和非师范生的高中学校类型分布

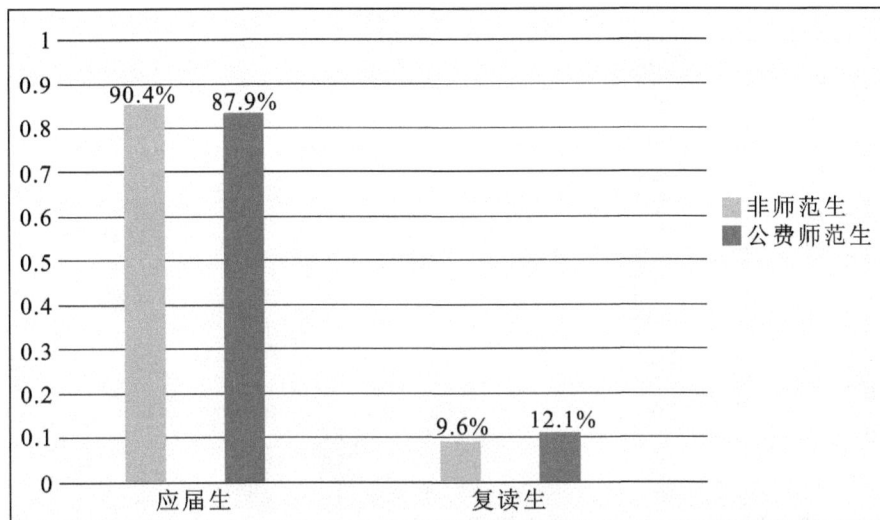

图 3 - 32 公费师范生和非师范生的应届生和复读生分布

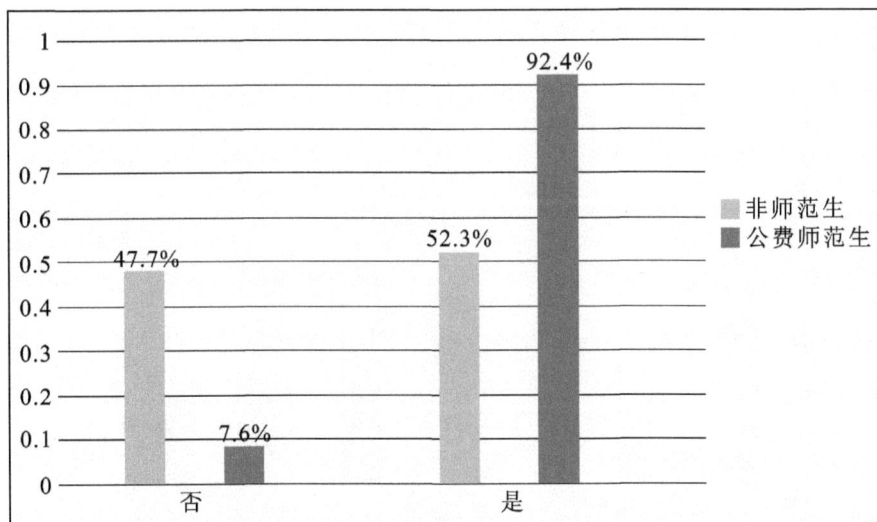

图 3 - 33 公费师范生和非师范生中将本校作为第一志愿报考的学生分布

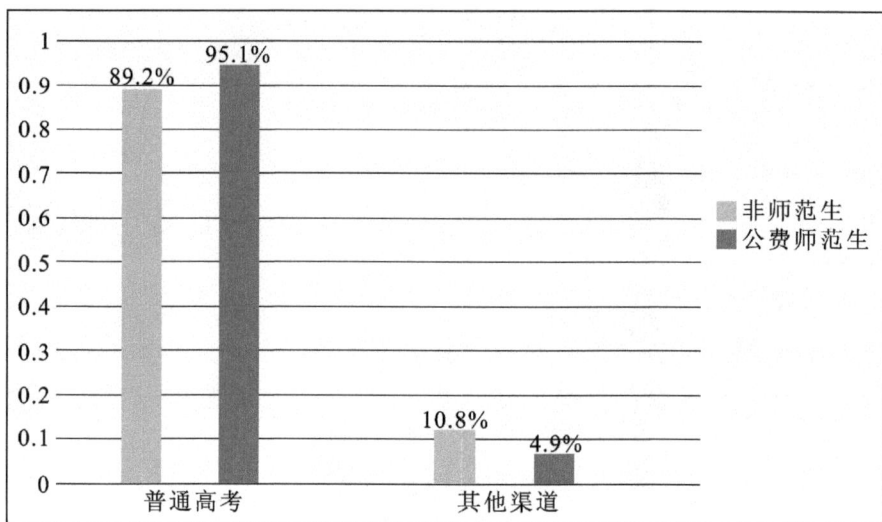

图 3 - 34 公费师范生和非师范生进入大学的渠道分布

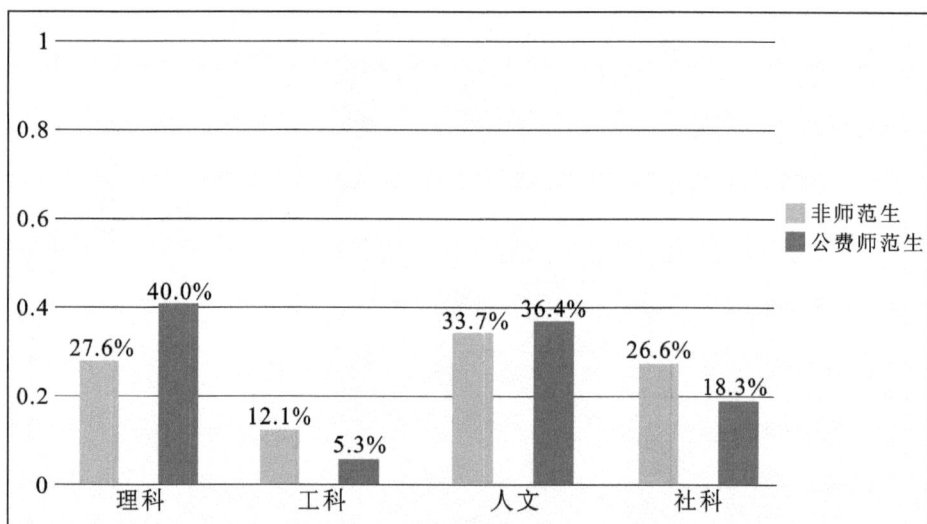

图 3 - 35 公费师范生和非师范生的学科类别分布

总之,在个人基本特征方面,与非师范生相比,公费师范生女生比例更大,来自农村的比例更大;在学习经历方面,与非师范生相比,公费师范生的高中相对较差,复读生的比例更高,将本校作为第一志愿的比例更高,通过普通高考进入大学的比例更大,就读理科专业的比例更大;在家庭情况方面,与非师范生相比,公费师范生中独生子女的比例更小,父母受教育程度更低,家庭社会经济地位更差。这体现了"两免一补"政策对家庭经济较差的学生的吸引力。

3.3　基线调查与追踪调查的样本特征对比

由于追踪调查没有追踪到全部样本,为了解基线调查和追踪到的样本特征是否存在差异,我们对"学生性别""学生年龄分组""学生民族""学生户口类型""学生是否为共产党员""高中学校类型""高中班级类型""是否为复读生""本校是否为第一志愿报考""学生进入大学渠道""学生是否为公费师范生""学生学科类别""学生是否为独生子女""学生父亲受教育程度""学生母亲受教育程度""学生父亲职业""学生母亲职业""学生家庭社会经济地位"变量的基线数据以基线调查的样本和追踪调查样本分组进行 T 检验,检验结果如表 3-1 所示,T 值均没有在 5% 的显著性水平上显著。由此可见,追踪调查的样本特征与基线调查的样本特征基本一致,无显著差异,追踪到的样本可以较好地代表基线总体样本。

表 3-1　基线调查与追踪调查的样本特征 T 检验

学生特征	基线调查		追踪调查		T 值
	均值	标准差	均值	标准差	基线－追踪
性别	0.744	0.436	0.763	0.425	−1.734*
年龄分组	1.150	0.796	1.121	0.777	1.460
民族	0.142	0.349	0.130	0.336	1.337
户口	0.492	0.500	0.510	0.500	−1.436
是否为共产党员	0.015	0.120	0.013	0.111	0.687
高中学校类型	1.067	0.902	1.085	0.903	−0.774
高中班级类型	1.593	0.809	1.569	0.789	1.206
是否为复读生	0.108	0.310	0.102	0.303	0.696
本校是否为第一志愿报考	0.709	0.454	0.712	0.453	−0.300
进入大学渠道	1.343	1.320	1.307	1.222	1.134

学生特征	基线调查		追踪调查		T 值
	均值	标准差	均值	标准差	基线－追踪
是否为公费师范生	0.464	0.499	0.487	0.500	−1.867*
学科类别	2.471	1.171	2.436	1.178	1.195
是否为独生子女	0.498	0.500	0.479	0.500	1.504
父亲受教育程度	1.605	1.031	1.578	1.021	1.096
母亲受教育程度	1.376	1.080	1.342	1.076	1.300
父亲职业	4.996	2.191	4.928	2.196	1.232
母亲职业	4.512	2.228	4.437	2.220	1.335
家庭社会经济地位	0.009	0.709	−0.020	0.696	1.621
样本量	4267	4267	2584	2584	

*表示在 10% 水平上显著；**表示在 5% 水平上显著；***表示在 1% 水平上显著。

第4章 公费师范生的报考动机

4.1 公费师范生的报考动机概述

动机涉及行为的发端、方向、强度和持续性,是行为产生的直接动力。已有文献将公费师范生的报考动机大致分为四种:就业有保障、经济原因("两免一补"政策)、教师职业理想和他人建议。根据基线对1978名公费师范生报考原因的调查,如图4-1所示,75.0%的公费师范生在报考时听取了父母、老师、亲戚朋友等人的建议;63.9%的公费师范生选择了由于就业有保障而报考;58.8%的公费师范生选择由于"两免一补"的政策而报考;而只有52.9%的公费师范生选择了由于个人的教师职业理想而报考。

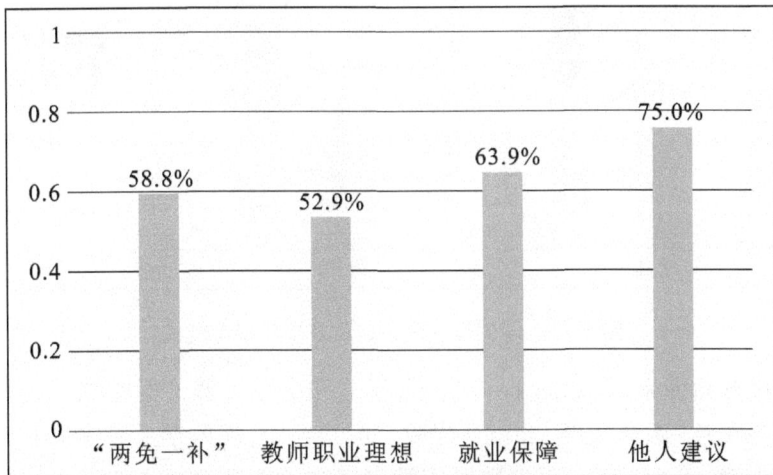

图4-1 公费师范生的报考动机

4.2 不同特征公费师范生报考动机的差异分析

为进一步了解不同个人特征及家庭特征的公费师范生报考动机的差别，我们将学生按照性别、民族、户口类型、是否独生子女、家庭社会经济地位、学科类别分类，分别研究其报考动机。由于报考动机中"他人建议"通常包含对"两免一补"政策以及就业保障的考量，在此我们具体分析不同特征公费师范生报考动机时，重点关注"两免一补"、教师职业理想、就业保障这三方面的因素。

如图 4-2 所示，从性别角度来看，女生在报考公费师范生时考虑最多的是就业有保障，其次是"两免一补"以及教师职业理想；男生的报考动机中考虑最多的是"两免一补"，其次是就业保障和教师职业理想。此外，只有41.9%的男生将教师职业理想作为其报考的原因，而女生中该比例为56.5%，可以看出女生比男生的报考动机更倾向于对教师职业本身的兴趣和评价。

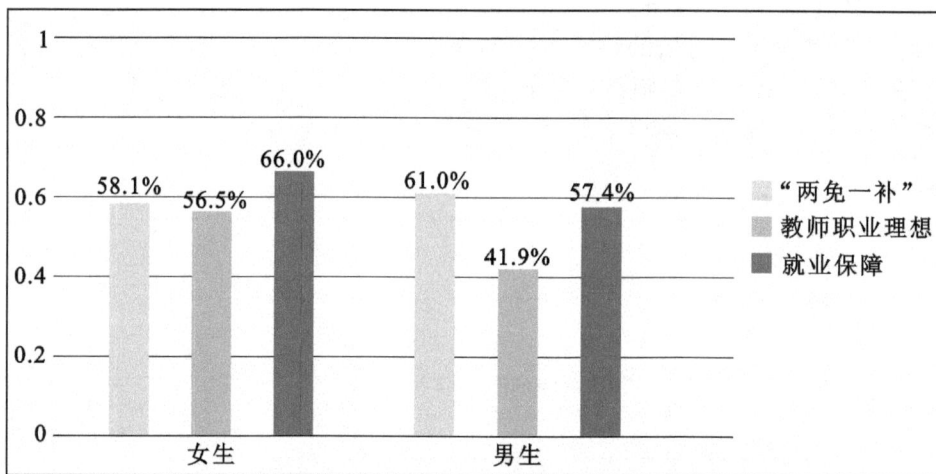

图 4-2 不同性别的公费师范生的报考动机

从民族角度来看，如图 4-3 所示，汉族和少数民族的学生在三种报考动机中均更关注"两免一补"和就业保障。区别在于，汉族学生考虑的首要因素是就业保障，占 64.2%，而少数民族学生考虑的首要因素是"两免一补"，占68.4%。

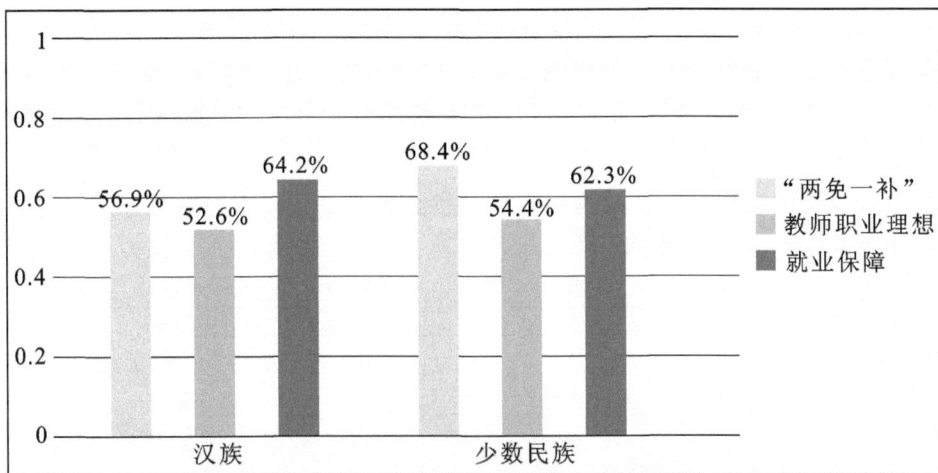

图 4 - 3　不同民族的公费师范生的报考动机

　　从户口类型的角度来看,如图 4 - 4 所示,城镇户口的公费师范生和农村户口的公费师范生选择教师职业理想的比例相当,分别为 52.8% 和53.0%;选择就业保障的比例也相当,分别为 64.1% 和63.7%。但是,在"两免一补"方面,不同户口类型的公费师范生的报考动机差距明显,有47.6%的城镇户口公费师范生考虑了"两免一补",并在三种动机中比例最低;而 68.8%农村户口的公费师范生考虑了"两免一补",并在三种动机中比例最高。这种情况可能是因为城镇学生的经济条件本身优于农村学生,而"两免一补"的政策能在很大程度上缓解家庭的经济压力。

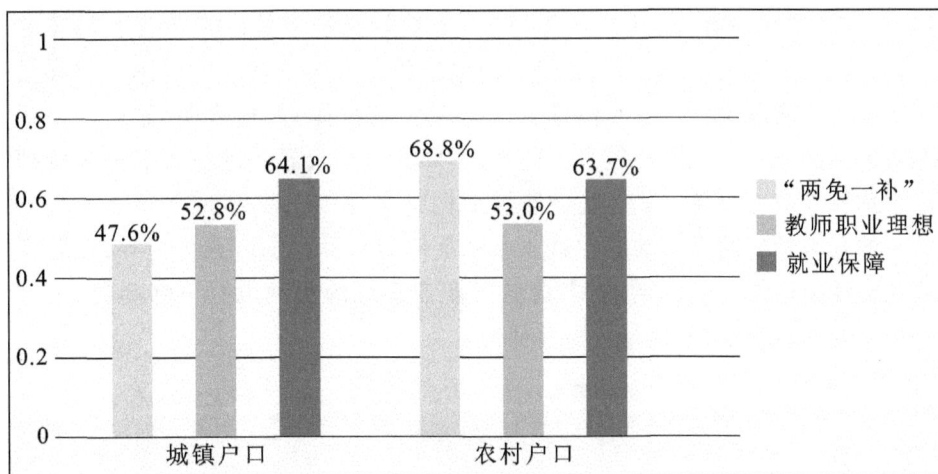

图 4 - 4　不同户口类型的公费师范生的报考动机

从是否为独生子女的角度来看,如图 4-5 所示,其分布特点与不同户口类型下的报考动机分布十分相似。只有 47.8% 的独生子女在报考公费师范生时考虑了"两免一补",为独生子女报考动机类型中比例最低的;而 68.3% 的非独生子女在报考公费师范生时考虑了"两免一补",为非独生子女报考动机类型中比例最高的。其原因可能是非独生子女家庭需要养育更多的子女,从而更需要考虑经济因素。

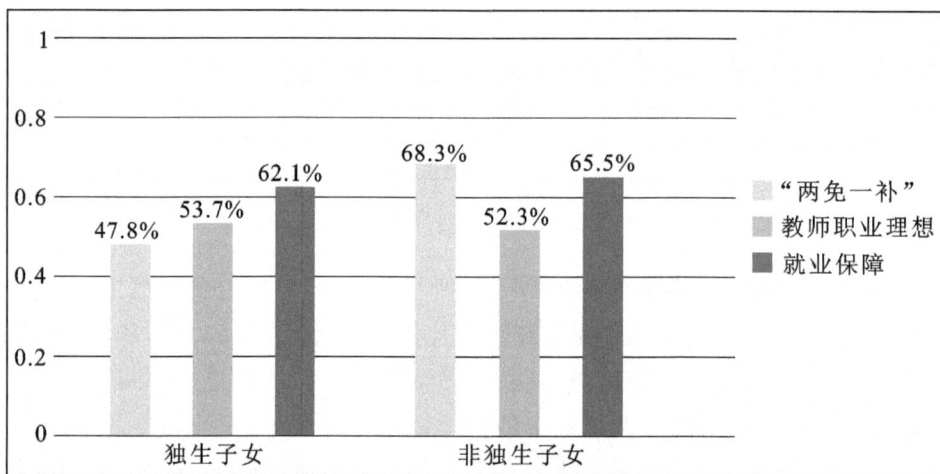

图 4-5 公费师范生中独生子女与非独生子女的报考动机

如图 4-6 所示,可以看出,在不同的家庭社会经济地位下,区别最大的报考动机为"两免一补":随着家庭社会经济地位的增加,学生报考公费师范生时考虑"两免一补"的比例从 78.9%(家庭社会经济地位排名低于 25% 的群体)降低到 57.9%(家庭社会经济地位排名在 25%—75% 的群体),再降低到 34.9%(家庭社会经济地位排名大于 75% 的群体)。这表明,家庭经济状况对学生的报考动机影响较大。此外,不同家庭社会经济地位排名的公费师范生均看重就业保障,家庭社会经济地位排名在 25%—75% 之间以及大于 75% 的两组学生的报考动机中就业保障是他们最看重的因素。另外,随着家庭社会经济地位排名的增加,考虑教师职业理想的比例也有下降趋势,这可能与我们的经验不符,值得进一步研究。

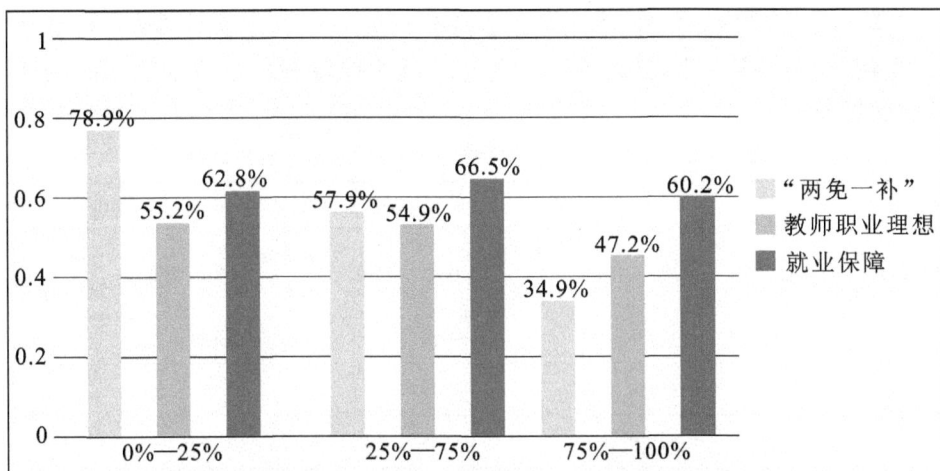

图4-6 不同家庭社会经济地位的公费师范生的报考动机

从学科类别的角度来看,如图4-7所示,无论是理工科还是人文社科专业的学生,在报考公费师范生时考虑最多的因素均为就业保障,比例分别为61.7%和65.7%。其次的考虑因素是"两免一补"的政策,有63.0%的人文社科专业公费师范生在报考时会考虑"两免一补",这一比例高于理工科(53.7%)。进一步研究不同学科学生的家庭社会经济地位差异,并未发现文科生的家庭社会经济地位显著低于理科生,因而现有数据无法对文理科生在"两免一补"报考动机上的差异做出解释。对于教师职业理想的考虑,理工科和人文社科学生的动机比例基本相当,分别为51.9%和53.8%。

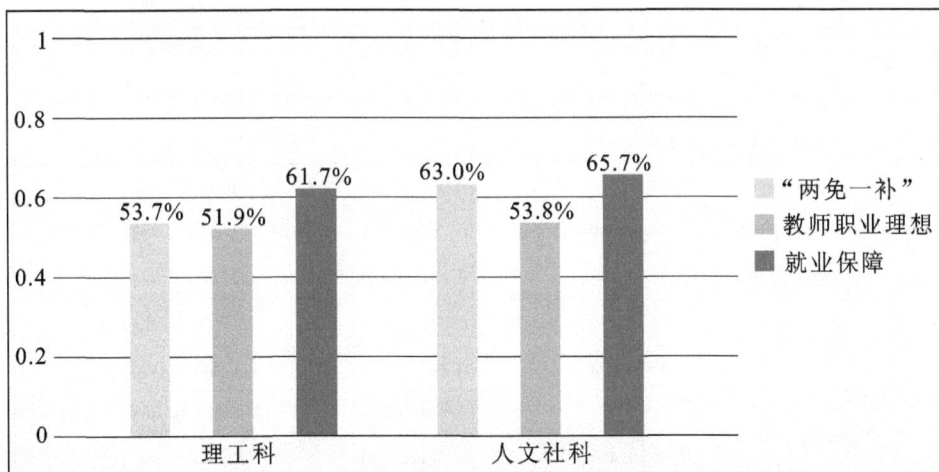

图4-7 不同学科类别的公费师范生的报考动机

除以上的描述分析外,本书通过方差分析进一步研究了不同特征公费师范生在"两免一补"政策、教师职业理想和就业保障三种报考动机之间的区别,结果如表4-1。

表4-1 不同个人及家庭特征学生报考动机的差异分析

变量	变量分类	"两免一补"			教师职业理想			就业保障		
		均值	标准差	方差分析(F值)	均值	标准差	方差分析(F值)	均值	标准差	方差分析(F值)
		0.588	0.492		0.529	0.499		0.639	0.480	
性别	男	0.610	0.488	1.207	0.419	0.494	31.587***	0.495	0.574	11.782***
	女	0.581	0.494		0.565	0.496		0.660	0.474	
年龄	17岁及以下	0.497	0.501	10.990***	0.483	0.500	1.303	0.628	0.484	0.941
	18岁	0.571	0.495		0.537	0.499		0.653	0.476	
	19岁	0.651	0.477		0.536	0.499		0.632	0.483	
	20岁及以上	0.730	0.446		0.561	0.498		0.588	0.494	
民族	汉族	0.569	0.495	15.088***	0.526	0.499	0.344	0.642	0.479	0.434
	少数民族	0.684	0.466		0.544	0.499		0.623	0.485	
户口	城镇户口	0.476	0.500	94.757***	0.528	0.499	0.008	0.641	0.480	0.043
	农村户口	0.688	0.464		0.530	0.499		0.637	0.481	
独生子女	非独生子女	0.683	0.465	89.218***	0.523	0.500	0.402	0.655	0.476	2.519
	独生子女	0.478	0.500		0.537	0.499		0.621	0.485	
家庭社会经济地位	0%—25%	0.789	0.408	109.189***	0.552	0.498	4.122**	0.628	0.484	2.774*
	25%—75%	0.579	0.494		0.549	0.498		0.472	0.500	
	75%—100%	0.349	0.477		0.665	0.472		0.602	0.490	
毕业高中类型	普通高中	0.658	0.475	14.228***	0.513	0.500	2.387*	0.611	0.488	2.107
	市级示范性高中	0.540	0.499		0.501	0.501		0.559	0.497	
	省级示范性高中	0.541	0.499		0.644	0.480		0.660	0.474	
学科类别	理科	0.544	0.498	6.452***	0.539	0.499	4.089***	0.630	0.483	5.160***
	工科	0.481	0.502		0.365	0.484		0.519	0.502	
	人文	0.631	0.483		0.544	0.498		0.685	0.465	
	社科	0.630	0.484		0.525	0.500		0.602	0.490	

*表示在10%水平上显著;**表示在5%水平上显著;***表示在1%水平上显著。

从表中结果可以看出,在性别方面,女生相较于男生在报考公费师范生时会更侧重于教师职业理想以及就业保障。在年龄、民族、户口类型、是否为独生子女等特征上,公费师范生的报考动机的主要区别在于对"两免一补"政策的看重程度,而在教师职业理想以及就业保障的动机上,没有显著的差异。

从家庭社会经济地位的划分来看,在1%的显著性水平上,不同家庭社会经济地位分组的学生由于"两免一补"政策而报考公费师范生的比例有显著差异;在5%的显著性水平上,不同家庭社会经济地位分组的学生由于教师职业理想而报考公费师范生的比例有显著差异;在10%的显著性水平上,不同家庭社会经济地位分组的学生由于就业有保障而报考公费师范生的比例有显著差异。

在毕业高中类型方面,不同毕业高中类型的学生在"两免一补"政策上的报考动机在1%显著性水平上有显著差异。此外,不同毕业高中类型的学生在教师职业理想方面的报考动机有差异,这一差异在10%的显著性水平上是显著的。

不同学科类别的公费师范生的三种报考动机也有显著差异。

4.3 报考公费师范生的内在动机

在我国现行的师范生公费教育政策中,"两免一补"和稳定的就业保障是政策制订者为增强师范类专业吸引力、鼓励优秀生源报考而采取的重要措施。然而,正是因为这些政策在现实中的重大作用,引发了研究者对于公费师范生报考动机功利化倾向的担忧[20-23]。一项向农村贫困高中生发放奖学金的随机干预实验研究发现,一旦向高中生承诺无论被任何专业录取在大学期间均可每年获得4000元的奖学金,他们报考师范生的概率就会大大降低[69]。从对2016级公费师范生数据的分析中我们也的确发现,大量学生在报考时并非出于对教师职业的兴趣和理想,而是由于外界的压力或者政策的优惠而选择了报考公费师范生。

有多大比例的学生不是出于个人的兴趣和意愿选择了公费师范生?由于外在动机而选择了公费师范生,会对师范生的学习动机、未来就业乃至今后的教学活动产生什么样的影响?针对这些疑问,我们在问卷中特别设置了一道问题:"如果在没有家庭及经济等压力的情况下,按照你今年的高考成绩和你自己的兴趣,你会选择公费师范生吗?"67.2%的公费师范生选择了仍然会报考师范生,而 32.8% 的学生选择了不会报考师范生。基于这道对现实进行假设的问题,我们将公费师范生分为两个群体:内在动机型报考生和非内在动机型报考生。选择仍然报考的为内在动机型报考生,反之则为非内在动机型报考生。

对不同群体在内在动机型报考生和非内在动机型报考生中的比例进行分析发现(表 4-2),性别、户口、是否独生子女、家庭社会经济状况、是否家庭第一代大学生与报考类型高度相关。男生在内在动机型中的比例(22.7%)低于非内在动机型(28.0%);城镇户口考生在内在动机型中的比例(50.4%)高于非内在动机型(41.0%);独生子女在内在动机型中的比例(49.0%)高于非内在动机型(41.2%);来自不同家庭的考生在内在动机型中的比例随家庭社会经济地位的提高而增大;第一代大学生在内在动机型中的比例(71.3%)低于非内在动机型(75.5%)。内在动机型报考生与性别及家庭背景存在显著的相关关系,而与年龄、民族和毕业高中类型没有关系。

表 4-2 不同群体在内在动机型报考生和非内在动机型报考生中的比例

变量	变量分类	内在动机型	非内在动机型	P 值
		67.2%	32.8%	
性别	男	22.7%	28.0%	0.011 **
	女	77.3%	72.0%	
年龄	17 岁及以下	18.2%	17.2%	0.175
	18 岁	54.8%	50.2%	
	19 岁	20.7%	24.9%	
	20 岁及以上	7.4%	7.7%	
民族	汉族	84.9%	82.1%	0.300
	少数民族	16.1%	17.9%	
户口	城镇户口	50.4%	41.0%	0.000 ***
	农村户口	49.6%	59.0%	
独生子女	非独生子女	51.0%	58.8%	0.001 ***
	独生子女	49.0%	41.2%	

续表

变量	变量分类	内在动机型	非内在动机型	P 值
		67.2%	32.8%	
家庭社会经济地位	0%—25%	26.5%	34.4%	0.001 ***
	25%—75%	50.0%	46.1%	
	75%—100%	24.4%	19.6%	
毕业高中类型	普通高中	38.8%	40.4%	0.760
	市级示范性高中	18.7%	18.8%	
	省级示范性高中	42.5%	40.8%	
学科类别	理科	39.9%	40.1%	0.005 ***
	工科	4.1%	7.6%	
	人文	36.4%	36.6%	
	社科	19.5%	15.7%	
第一代大学生	否	28.7%	24.5%	0.051 *
	是	71.3%	75.5%	

＊表示在 10% 水平上显著；＊＊表示在 5% 水平上显著；＊＊＊表示在 1% 水平上显著。

为了解内在动机型报考生和非内在动机型报考生在具体报考动机上的区别，我们分析了两类考生在"两免一补"、教师职业理想、就业保障三方面的具体占比。由表 4-3 可以看出，在没有外界压力、完全凭自己兴趣和意愿的情况下，选择仍然报考公费师范生和不会报考公费师范生的学生最大的区别在于教师职业理想维度。有 65.3% 的内在动机型报考生选择了教师职业理想，只有 27.6% 的非内在动机型报考生选择了教师职业理想。在"两免一补"政策维度，内在动机型报考生选择的比例（57.3%）略低于非内在动机型报考生（61.7%）。两类报考生在就业保障方面的考虑没有显著差异。由此可见，影响两类报考生在假设情况下做出不同选择的主要原因是报考生个人是否有教师职业理想。

表4-3 不同类别报考生报考动机差异

报考动机	统计量	内在动机型	非内在动机型	F 值
"两免一补"	均值	0.573	0.617	4.452*
	标准差	0.495	0.486	
教师职业理想	均值	0.653	0.276	284.051***
	标准差	0.476	0.447	
就业保障	均值	0.645	0.625	0.759*
	标准差	0.479	0.484	

*表示在10%水平上显著;**表示在5%水平上显著;***表示在1%水平上显著。

4.4 公费师范生对师范生公费教育政策的了解情况

现有文献发现,公费师范生普遍存在对政策不了解的问题,因此也造成了错报、误报等现象。对此,课题组对样本中的1978名公费师范生进行了对政策了解程度的调查。这一调查包括两个问题,问题一:你是否了解公费师范生政策? 答案分为非常了解、了解一些、不太了解和完全不了解四个选项。问题二:关于公费师范生政策你了解哪些? 答案包括免学费、住宿费、补生活补助;毕业后到中小学任教有正式编制;毕业后需要在生源地从事中小学教育十年以上;毕业生在协议规定服务范围内,不能报考脱产研究生;毕业生经考核符合要求的,可录取为教育硕士专业学位研究生;毕业生未按照协议从事中小学教育工作的,要按规定退还已享受的免费教育费用并支付违约金;对以上政策都不了解。

对于第一个问题的回答结果如图4-8所示。认为自己对师范生公费教育政策了解一些的学生比例最大,为74.2%,认为自己对政策非常了解的占16.7%,仍有8.4%和0.1%的学生表示不太了解或完全不了解师范生公费教育政策。此结果表明,大部分学生都是在对政策有一定了解的情况下报考了公费师范生,然而对政策的了解程度还不够。还有少部分学生是在对政策了解不足或不了解的情况下报考了公费师范生,因此可能存在一定的错报和误报。

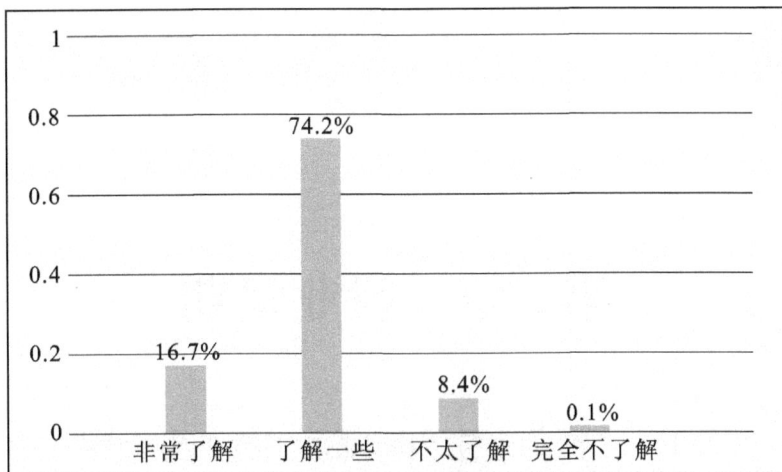

图 4-8　对公费师范生政策的了解情况

对于更加具体的公费师范生政策规定,由图 4-9 可以看到,98.9% 和 94.7% 的学生知道政策中关于"两免一补"以及毕业后需在生源地从事中小学教育十年以上的内容,而只有 53.8% 的学生知道公费师范生经毕业考核符合要求的,可录取为教育硕士专业学位研究生。此外,公费师范生对于毕业后到中小学任教有正式编制、毕业生在协议服务范围内不能报考脱产研究生以及毕业生未按照协议从事中小学教育工作的,要按规定退还已享受的免费教育费用等方面政策规定了解比较好,知道这些政策的学生比例分别为 84.2%、74.8% 和 76.4%。

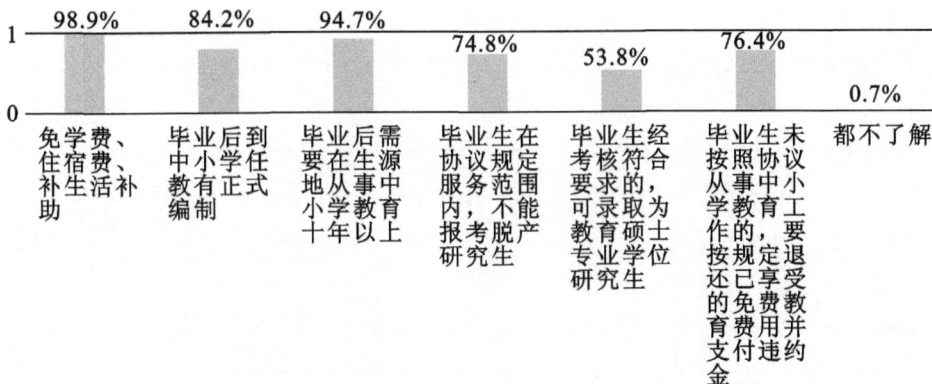

图 4-9　对公费师范生具体政策的了解情况

第 5 章　就业预期

5.1　公费师范生和非师范生的就业预期

2016 年我国高校录取人数达到 772 万,较上一年度增加逾 10%,未来劳动力市场上受过高等教育的劳动力增加,可能会提高学生就业的难度。

基线调研收集了刚入校的 2016 级本科生的就业预期数据。从公费师范生和非师范生的预期就业难度来看,公费师范生比非师范生更乐观,如图 5 - 1 所示,公费师范生预期就业容易的学生占 63.6%,预期就业有一点困难的占 35.3%,预期就业困难的占 1.1%;而非师范生预期有一点困难的占 74.9%,预期就业容易和非常困难比例则相当,分别占 12.7% 和 12.4%。这是由于公费师范生政策保障了师范生毕业后"有编有岗",也与上一章中大部分师范生认为报考师范生就业有保障相一致。

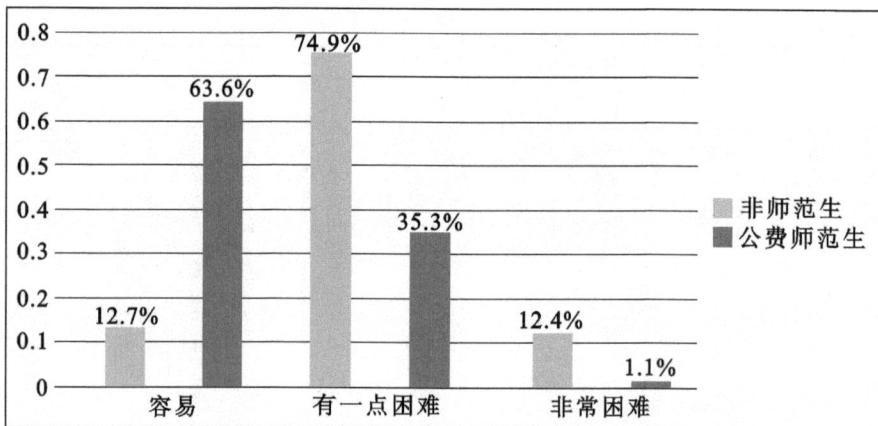

图 5 -1　公费师范生与非师范生预期就业难度

在图 5－2 中,我们对公费师范生中内在动机型报考生和非内在动机型报考生的预期就业难度进行了对比,内在动机型报考生对预期就业相对更乐观些,但差异不明显。

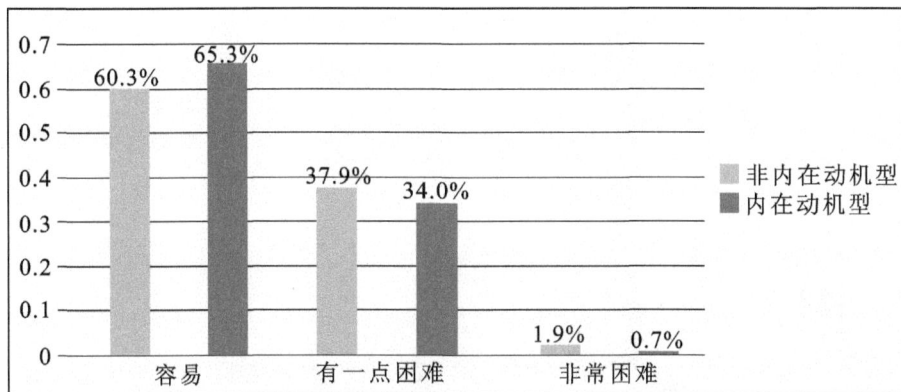

图 5－2 内在动机型报考生与非内在动机型报考生预期就业难度

如图 5－3 所示,公费师范生和非师范生预期毕业工作区域更倾向于西部,分别占 67.6% 和 54.1%,西部地区是公费师范生和非师范生预期就业的主要区域。公费师范生和非师范生对于在东部和中部就业的预期相反:公费师范生在中部就业的预期(19.4%)高于东部(13.0%),而非师范生在东部就业的预期(32.9%)高于东部(13.0%)。我们认为这与学生是否在生源地就业存在较大的联系,如图 5－4 所示,公费师范生预期回生源地就业的比例高达 97.1%,而非师范生有 67.9%,这与公费师范生政策中关于回生源地就业的强制性规定

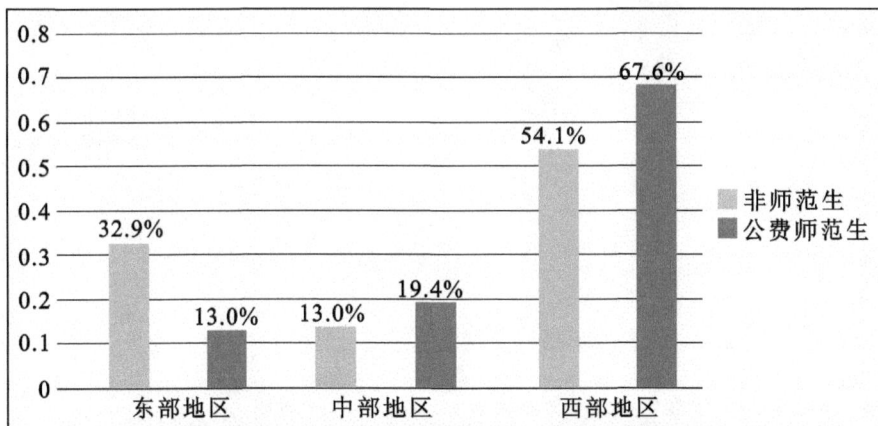

图 5－3 公费师范生与非师范生预期就业区域

有关。对于不需要回生源地就业的非师范生来说,显然东部地区吸引力更大。

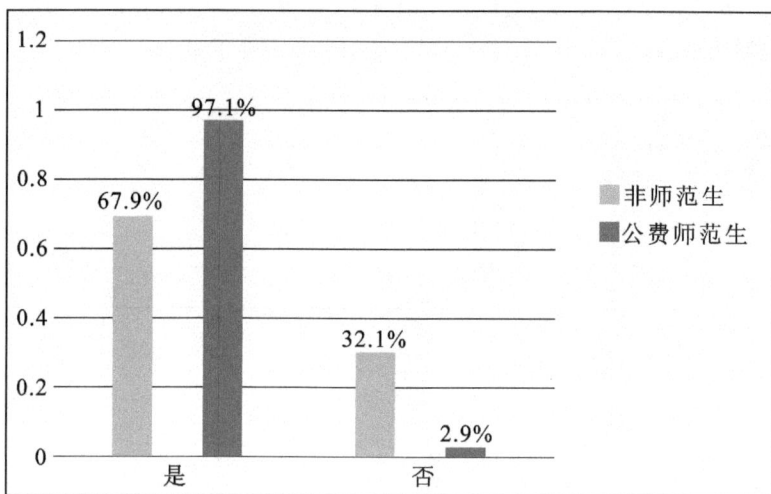

图 5 - 4　公费师范生与非师范生预期回生源地的比例

　　问卷中询问了学生毕业后的打算,如图 5 - 5 所示。可以看出,无论是公费师范生还是非师范生都不是很热衷于除中小学教学和读研以外的其他工作:公费师范生最倾向于毕业后从事中小学教学工作,比例 88.2%;虽然公费师范生政策规定毕业后必须从事中小学教育工作,但仍有 9.7% 的学生预期自己将要

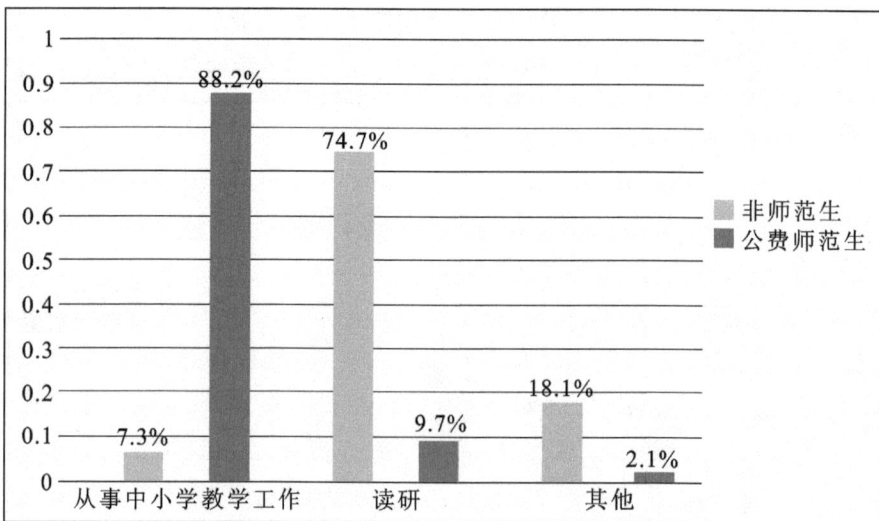

图 5 - 5　公费师范生与非师范生预期毕业后去向

读研。而在非师范生中,74.7%的学生预期在毕业后直接读研,7.3%的学生预期毕业后从事中小学教学工作。这与图 5 - 1 所示,非师范生大部分认为未来就业形势严峻一致,学生为了提升自己在就业市场的竞争力,倾向于选择继续读研深造。

如图 5 - 6 所示,内在动机型报考生未来从事中小学教学工作的意愿高于非内在动机型报考生,而非内在动机型报考生选择继续读研的意愿高于内在动机型报考生。

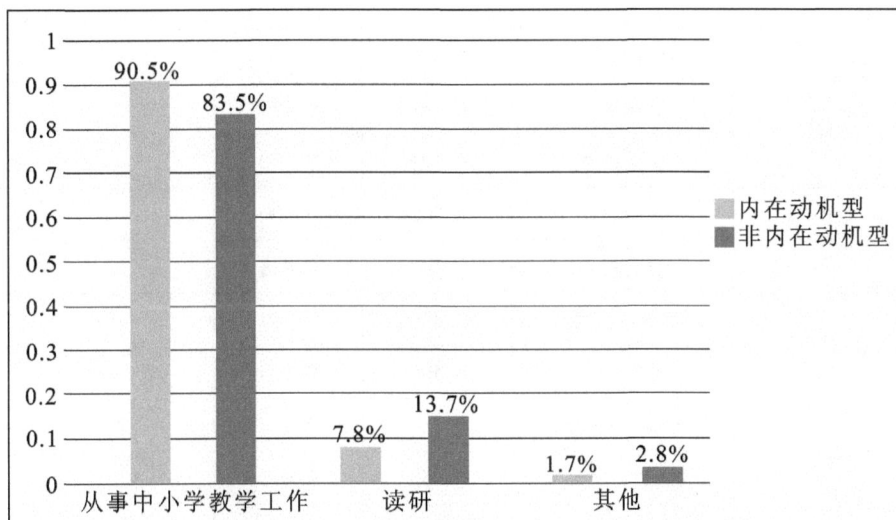

图 5 - 6　内在动机型报考生与非内在动机型报考生毕业后的打算

如表 5 - 1 所示,我们进一步探索了什么样的学生更倾向读研。我们发现,女生读研倾向显著高于男生;年龄小的学生更倾向于读研,年龄大的倾向工作;汉族学生读研倾向高于少数民族;城镇户口学生读研倾向高于农村;独生子女读研倾向高于非独生子女;家庭社会经济地位高的学生更倾向于读研;在学科方面,社科学生更倾向于读研,工科次之,人文再次,理科学生读研倾向最低;曾就读于省级示范性高中的学生读研倾向最高,就读于市级示范性高中的学生读研倾向次之,就读于普通高中的学生读研倾向最低;家庭第一代大学生读研倾向低于非家庭第一代大学生。

表 5 - 1　不同群体学生读研预期差异

变量	变量类型	均值	标准差	方差分析（F 值）
性别	女	0.453	0.498	3.0*
	男	0.423	0.494	
年龄	17 岁及以下	0.499	0.500	16.2***
	18 岁	0.468	0.499	
	19 岁	0.382	0.486	
	20 岁及以上	0.313	0.465	
民族	汉族	0.469	0.499	57.9***
	少数民族	0.304	0.460	
户口	城镇户口	0.500	0.500	25.8***
	农村户口	0.391	0.488	
独生子女	非独生子女	0.396	0.489	44.1***
	独生子女	0.496	0.500	
家庭社会经济地位	0% - 25%	0.354	0.478	32.1***
	25% - 75%	0.453	0.498	
	75% - 100%	0.524	0.500	
学科类别	人文	0.449	0.498	9.7***
	工科	0.484	0.500	
	理科	0.395	0.489	
	社科	0.501	0.500	
毕业高中类型	省级示范性高中	0.473	0.499	5.4***
	市级示范性高中	0.442	0.497	
	普通高中	0.417	0.493	
家庭第一代大学生	非第一代大学生	0.536	0.499	60.5***
	第一代大学生	0.408	0.491	

* 表示在 10% 水平上显著；** 表示在 5% 水平上显著；*** 表示在 1% 水平上显著。

从预期收入角度来看,如图 5 - 7 所示,非师范生平均预期收入(4518.5
元)比公费师范生平均预期收入(3494.7 元)高 1023.8 元。无论公费师范生
还是非师范生,男生预期收入高于女生(图 5 - 8);城镇学生高于农村学生
(图 5 - 9)。

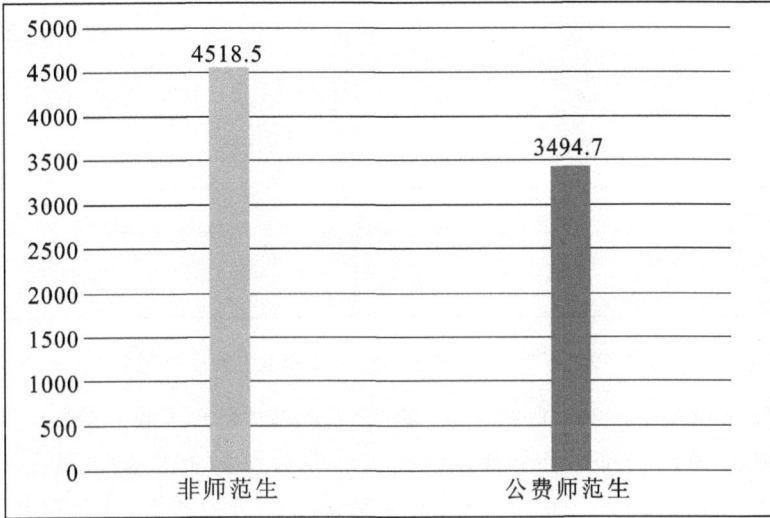

图 5 - 7　公费师范生与非师范生的预期收入

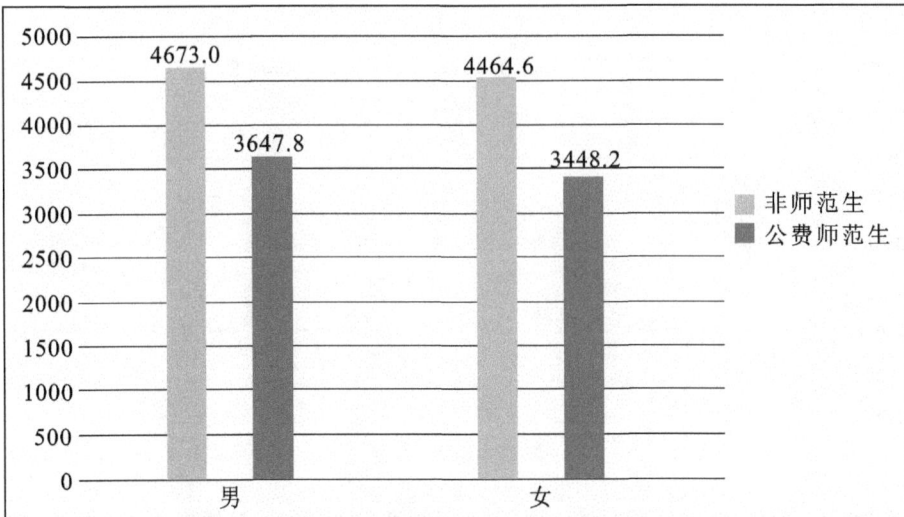

图 5 - 8　不同性别公费师范生和非师范生的预期收入

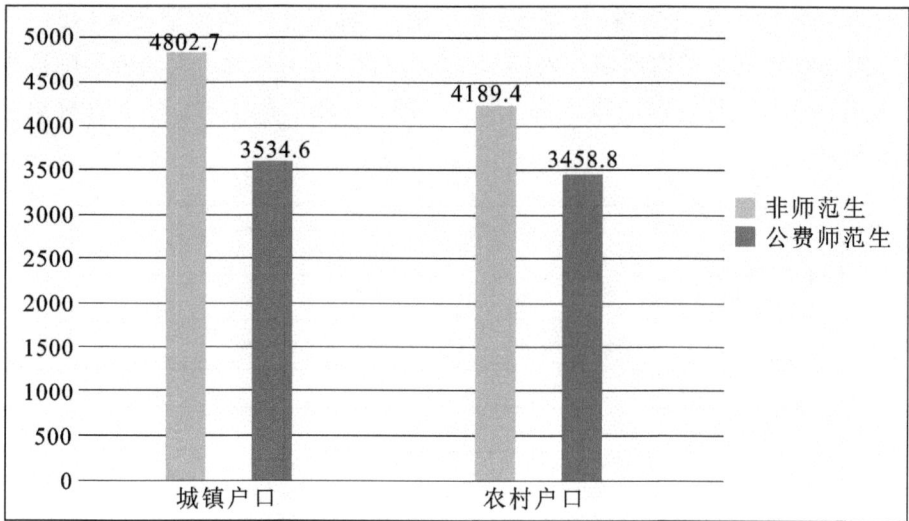

图 5 - 9　不同户口公费师范生和非师范生的预期收入

　　如图 5 - 10 所示,公费师范生中,理科公费师范生的预期收入最高;工科公费师范生的预期收入最低。而非师范生中,工科非师范生的预期收入最高;理科非师范生的预期收入最低。从学科内部比较来看,工科公费师范生与非师范生的预期收入的差距最大,为 1924.3 元,这一差距在理科生中最小,为 503.3 元。

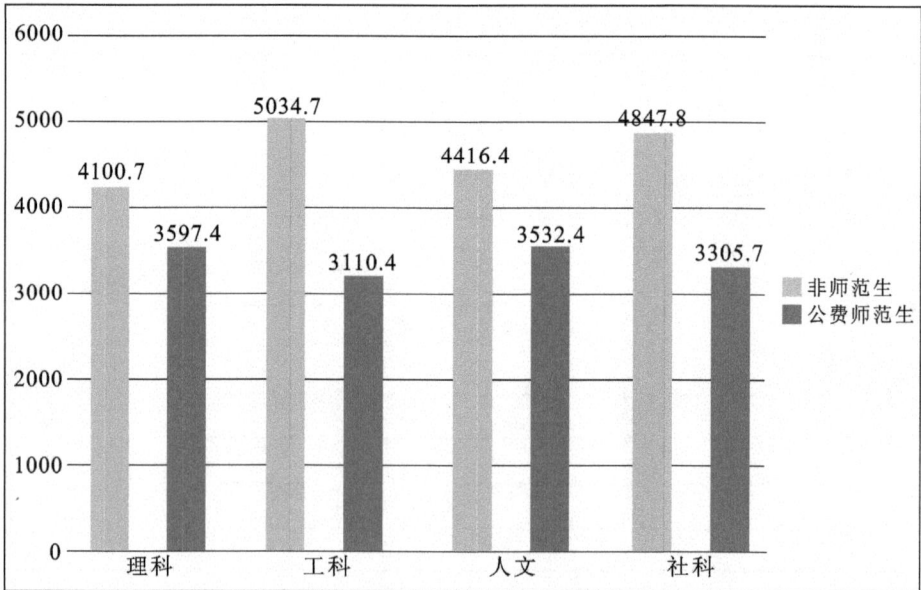

图 5 - 10　不同学科公费师范生和非师范生的预期收入

5.2 公费师范生的违约预期

师范生公费教育政策的目的是改善薄弱地区尤其是农村地区的师资配置,因此需要签订就业协议并对就业加以约束。在基线调查的 2016 年,公费师范生就业政策包括四条强制性义务:一是回生源所在省份中小学任教;二是毕业后从事中小学教育十年以上;三是到城镇学校工作的公费师范生应先到农村义务教育学校任教服务两年;四是不得报考脱产研究生。问卷中调查了公费师范生遵守前三条义务的可能性。

如图 5 - 11 所示,有 10.7% 的公费师范生去农村任教的预期为 0,预期去农村任教的可能性介于 0 到 20% 的公费师范生占 32.4%,预期去农村任教的可能性介于 20% 到 50% 之间的公费师范生占 40.2%,有 16.8% 的公费师范生预期有超过一半的可能性会去农村任教。分类别来看,非内在动机型报考生和内在动机型报考生去农村任教的平均可能性分别为 36.5% 和 33.7%(图 5 - 12);男生和女生预期去农村任教的平均可能性分别为 40.8% 和 32.7%(图 5 - 13);农村和城市户口的公费师范生去农村任教的可能性分别为 41.8% 和 27.0%(图 5 - 14)。此外,我们对不同学科的公费师范生预期去农村任教的可能性进行比较(图 5 - 15),社科类公费师范生预期去农村任教可能性最高,为 39.8%,工科类公费师范生预期去农村任教的可能性最低,为 26.8%。

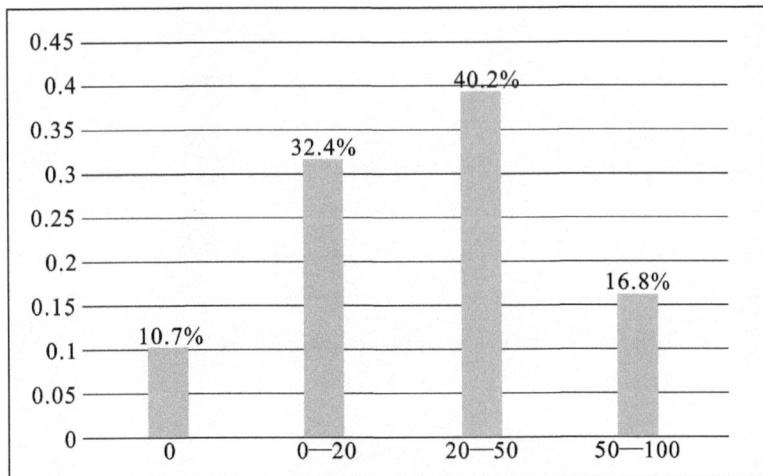

图 5 - 11　公费师范生预期农村任教可能性分布

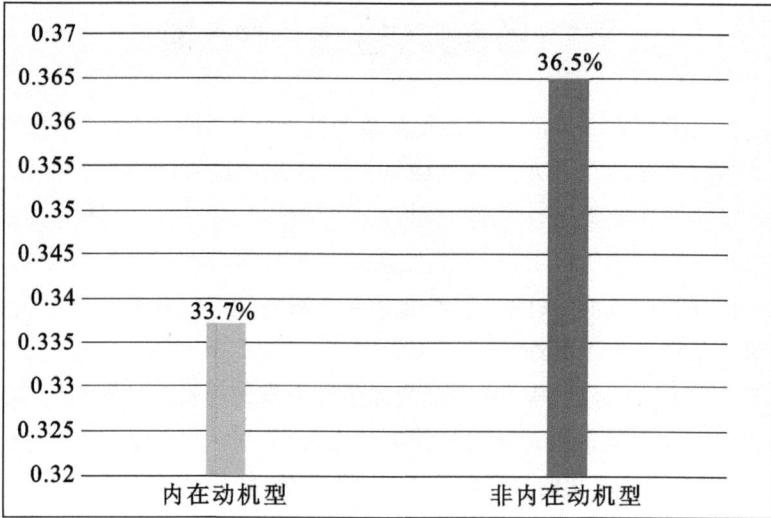

图 5 – 12   内在动机型报考生与非内在动机型报考生预期农村任教可能性

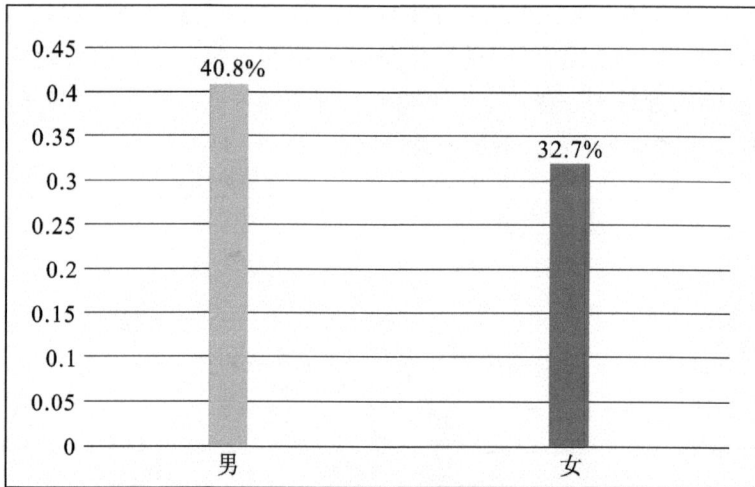

图 5 – 13   不同性别公费师范生预期农村任教可能性

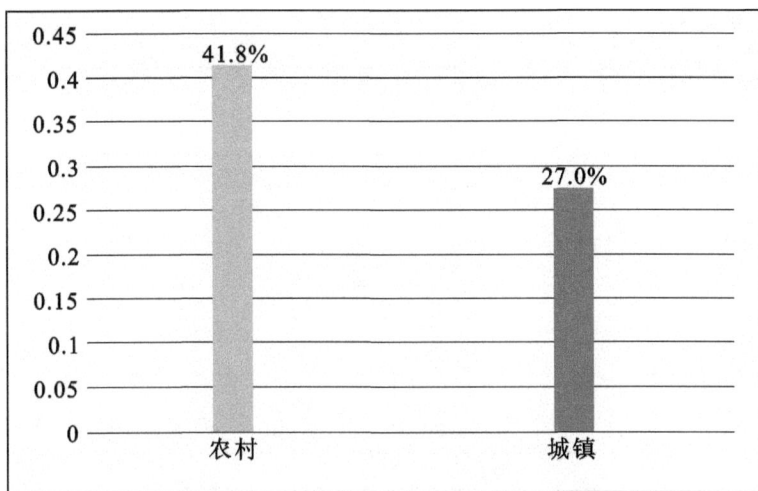

图 5 - 14　不同户口类型公费师范生预期农村任教可能性

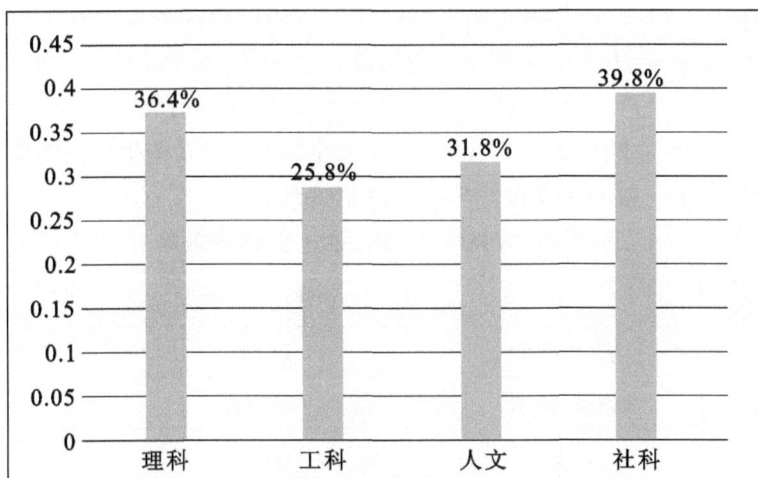

图 5 - 15　不同学科公费师范生预期农村任教可能性

　　公费师范生违约也是一个需要关注的问题,近年来公费师范生的违约情况时有发生,这极大地影响了我国师范生公费教育政策的作用。调查中询问了公费师范生毕业后的违约可能性(百分比),如图 5 - 16 所示,有 41.0% 的公费师范生预期不会违约,有 36.1% 的公费师范生预期违约可能性在 0—20%,有 18.8% 的公费师范生预期违约可能性在 20%—50%,另外仍有 4.2% 的学生预期有超过一半的可能性选择违约。

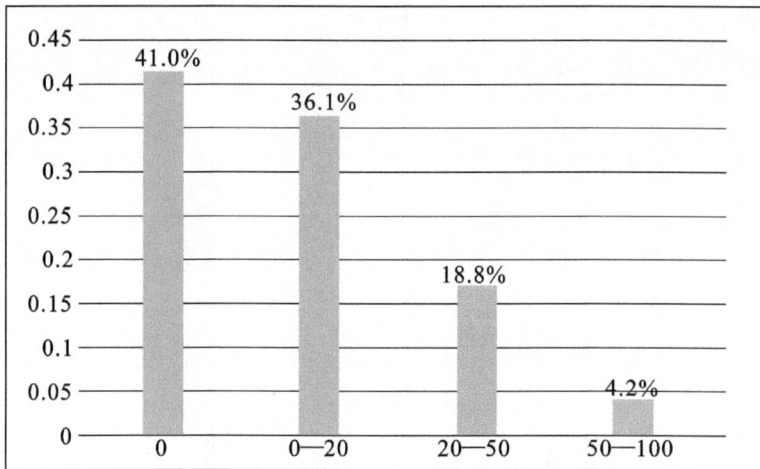

图 5 - 16　公费师范生违约可能性(百分比)

如表 5 - 2 所示,非内在动机型报考生和内在动机型报考生违约可能性分别为 21.0% 和 11.9%,非内在动机型报考生违约可能性远高于内在动机型报考生;分性别来看,男生女生预期违约可能性分别为 16.7% 和 14.3%;分城乡来看,城镇和农村户口学生预期违约可能性分别为 18.1% 和 12.0%。此外,工科公费师范生的违约期望为 18.0%,人文和社科类公费师范生违约期望分别为 16.5% 和 15.6%,理科公费师范生的违约期望为 12.7%。

表 5 - 2　不同群体公费师范生违约期望差异

分类	公费师范生违约期望
内在动机型	11.9%
非内在动机型	21.0%
男生	16.7%
女生	14.3%
农村户口	12.0%
城镇户口	18.1%
人文	16.5%
工科	18.0%
理科	12.7%
社科	15.6%

　　我们还询问了学生如果违约未来的打算(图 5 – 17),46.5% 的学生选择继续读研,剩下就业方向比例从高到低分别为在政府部门工作(20.4%)、创业(15.6%)和在私企工作(14.2%)。如图 5 – 18 所示,内在动机型报考生和非内在动机型报考生如果违约想从事的工作没有明显差别。

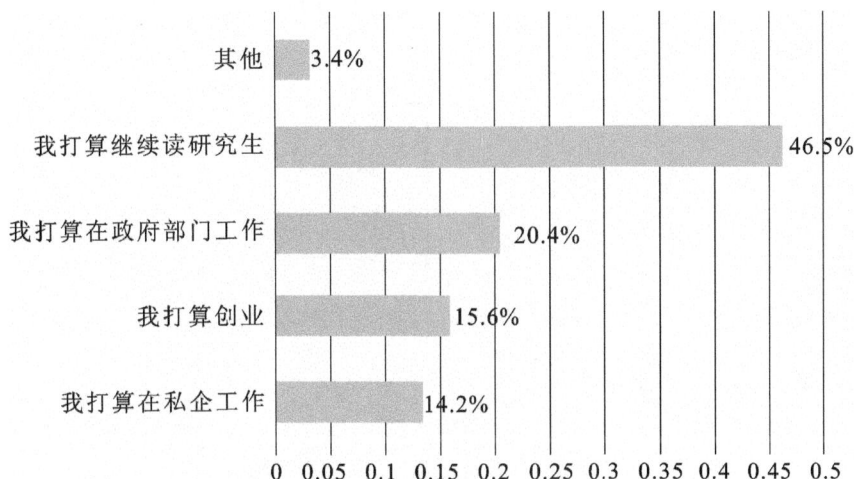

图 5 – 17　公费师范生预期违约去向

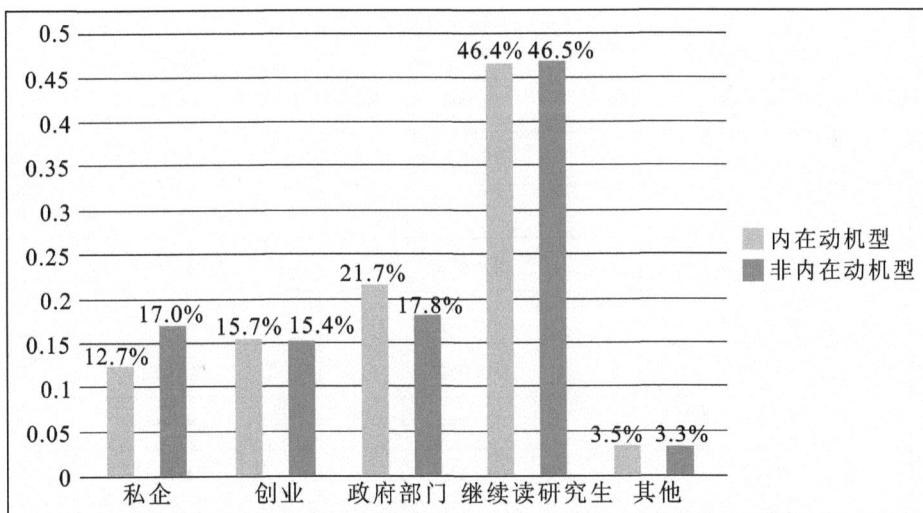

图 5 – 18　内在动机型报考生与非内在动机型报考生的预期违约去向

　　问卷对公费师范生预期任教期限进行了调查。如图 5 – 19,75.8% 的公费师范生预期任教期限会超过十年,24.2% 的学生预期任教期限低于十年这一政策要求。如表5-3所示,内在动机型报考生中预期任教期限超过十年的学生占80.9%,非内在动机型报考生中预期任教年限超过十年的学生占65.8%。女生预期任教期限超过十年的占78.4%,高于男生的68.4%;农村户口预期任教期限超过十年的占78.4%,高于城镇户口的73.2%。此外,不同学科中理科生预期任教超过十年的比例最高(84.7%),其次为社科(70.7%)和人文(70.0%),工科生最低(68.3%)。

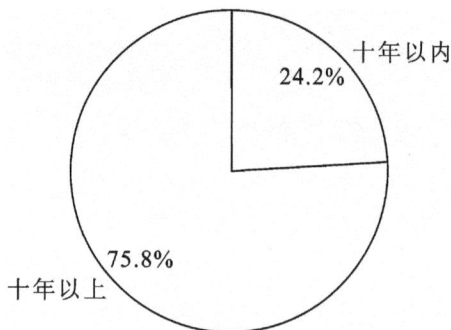

图5-19 公费师范生预期任教期限

表5-3 不同群体公费师范生预期任教期限差异

分类	十年以内	十年及以上
内在动机型	19.1%	80.9%
非内在动机型	34.2%	65.8%
男生	31.6%	68.4%
女生	21.6%	78.4%
农村户口	21.6%	78.4%
城镇户口	26.8%	73.2%
人文	30.0%	70.0%
工科	31.7%	68.3%
理科	15.3%	84.7%
社科	29.3%	70.7%

第6章　抑郁

6.1　抑郁概述

抑郁是负性情感增强的表现,患者自觉情绪低沉,整日忧心忡忡,对自我才智能力估计过低,对周围困难估计过高。轻度患者兴趣索然,无精打采,脑力及体力不足,不愿活动。严重的患者有忧愁的爆发,由于找不到摆脱难以忍受的忧愁的出路,开始辗转不安,自觉一切绝望,并可突然出现自杀意念及行为。抑郁症患者常伴有思维迟缓,言语动作减少,意志活动减退[70]。

基线调查使用《症状自评量表(SCL-90)》的抑郁分量表来测量样本学生的抑郁情况。《症状自评量表(SCL-90)》是世界上最著名的心理健康测试量表之一,是当前使用最为广泛的精神障碍和心理疾病门诊检查量表。该测验的目的是从感觉、情感、思维、意识、行为到生活习惯、人际关系、饮食睡眠等多种角度,评定一个人是否有某种心理症状及其严重程度如何,它对有心理症状(即有可能处于心理障碍或心理障碍边缘)的人有良好的区分能力,适用于筛查某人群中哪些人可能有心理障碍,某人可能有何种心理障碍及其严重程度如何。

该量表共有90个项目,适用对象为16岁以上的人群。该量表具有容量大、反映症状丰富、更能准确刻画被试的自觉症状等特点。其包含有较广泛的精神病症状学内容,并采用九个因子分别反映九个方面的心理症状情况。测验的九个因子分别为:躯体化、强迫症状、人际关系敏感、抑郁、焦虑、敌对、恐怖、偏执及精神病性。本调查仅涉及《症状自评量表(SCL-90)》中的抑郁分量表。

该量表的每一个项目均采取1—5级评分,具体说明如下:

没有:自觉并无该项问题(症状);

很轻:自觉有该问题,但发生得并不频繁、严重;

中等:自觉有该项症状,其严重程度为轻到中度;

偏重:自觉常有该项症状,其程度为中到严重;

严重:自觉该症状的频度和强度都十分严重。

6.2　学生抑郁状况描述

《症状自评量表(SCL-90)》中的抑郁分量表包括 5,14,15,20,22,26,29,30,31,32,54,71 和 79 题,共 13 题,反映与临床上抑郁症状群相联系的广泛的概念。该分量表的得分在 13—65 分之间,得分越高,抑郁程度越明显。当该分量表的得分大于 26 分时,表明个体存在抑郁症状;当得分超过 39 分时,表明个体的抑郁程度较强,生活缺乏足够的兴趣,缺乏运动活力,极端情况下,可能会有自杀的想法。

表 6-1 描述了不同群体学生的抑郁状况。在 4267 名 2016 级学生中,抑郁检出人数为 460 人,比例为 10.8%。学生的抑郁检出比例没有显著差异的特征包括不同性别(男生和女生)和不同毕业高中类型(普通高中、市级示范性高中和省级示范性高中)。学生的抑郁检出比例有显著差异的特征包括不同年龄(17 岁及以下、18 岁、19 岁和 20 岁及以上),不同民族(汉族和少数民族),不同户口(城镇户口和农村户口),独生子女和非独生子女,不同家庭社会经济地位排名(排名 25% 以下,排名 25% 以上),不同学科类别(理工科、人文社科)。

表 6-1　不同群体学生的抑郁状况

特征	分类	人数	抑郁检出人数	比例	方差分析(F 值)
总样本		4267	460	10.8%	
性别	男	1088	123	11.3%	0.41
	女	3170	336	10.6%	
年龄	17 岁及以下	344	39	11.3%	2.93*
	18 岁	2234	228	10.2%	
	19 岁	1269	135	10.6%	
	20 岁及以上	420	58	13.8%	

特征	分类	人数	抑郁检出人数	比例	方差分析(F 值)
民族	汉族	3663	373	10.2%	11.18***
	少数民族	604	87	14.4%	
户口	城镇户口	2165	221	10.2%	7.55***
	农村户口	2097	238	11.4%	
独生子女	非独生子女	2027	234	11.5%	4.41**
	独生子女	2240	226	10.1%	
家庭社会经济地位	0%—25%	983	118	12.0%	12.68***
	25%—100%	3284	342	10.4%	
毕业高中类型	普通高中	2113	231	10.9%	0.64
	市级示范性高中	709	81	11.4%	
	省级示范性高中	1443	148	10.3%	
学科类型	理工科	1805	167	9.3%	12.11***
	人文社科	2462	293	11.9%	

1. *表示在 10%水平上显著;**表示在 5%水平上显著;***表示在 1%水平上显著。

2. 由于学生拒填、漏填等原因,部分分类中的学生数之和小于总样本数。

在不同年龄学生的抑郁检出情况中,如图 6-1 所示,20 岁及以上年龄段的学生中的抑郁检出比例最高,为 13.8%。17 岁及以下,19 岁和 18 岁年龄段的学生中的抑郁检出比例依次下降,分别为 11.3%、10.6%和 10.2%。在不同民族学生的抑郁检出情况中,如图 6-2 所示,少数民族学生的抑郁检出比例为 14.4%,明显高于汉族学生的抑郁检出比例(10.2%)。在是否是独生子女学生的抑郁检出情况中,如图 6-3 所示,非独生子女的抑郁检出比例为 11.5%,这一比例高于独生子女的抑郁检出比例(10.1%)。在不同毕业高中类型学生的抑郁检出情况中,如图 6-4 所示,市级示范性高中、普通高中和省级示范性高中的抑郁检出比例依次下降,分别为 11.4%、10.9%和 10.3%。在不同学科学生的抑郁检出情况中,如图 6-5 所示,人文社科专业的学生的抑郁检出比例为 11.9%,明显高于理工科学生的抑郁检出比例(9.3%)。

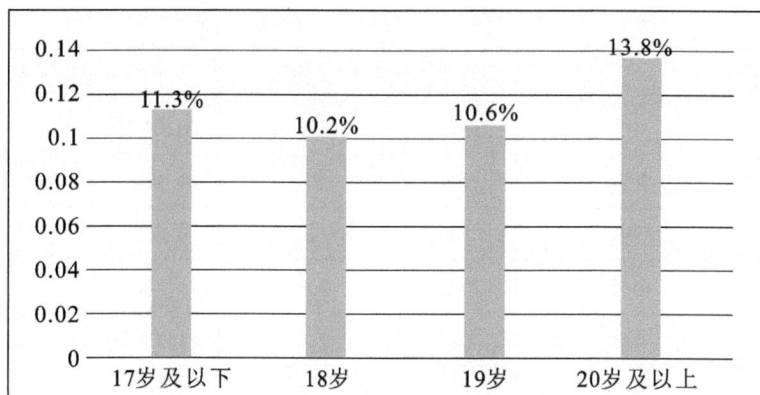

图 6-1　不同年龄学生的抑郁检出情况

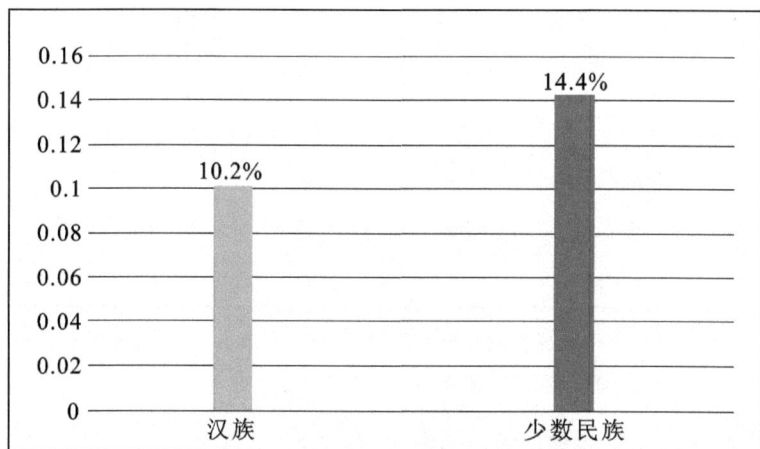

图 6-2　不同民族学生的抑郁检出情况

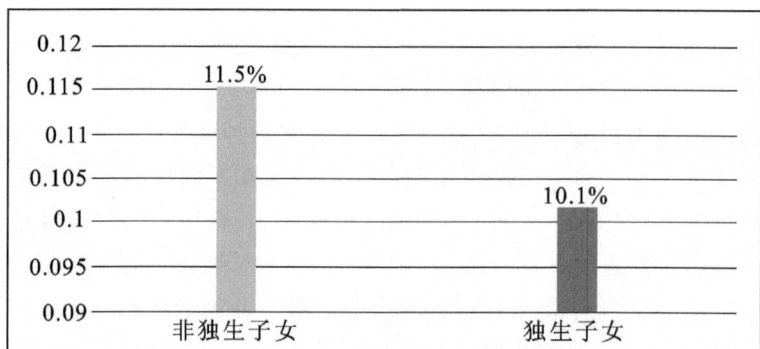

图 6-3　独生子女与非独生子女学生的抑郁检出情况

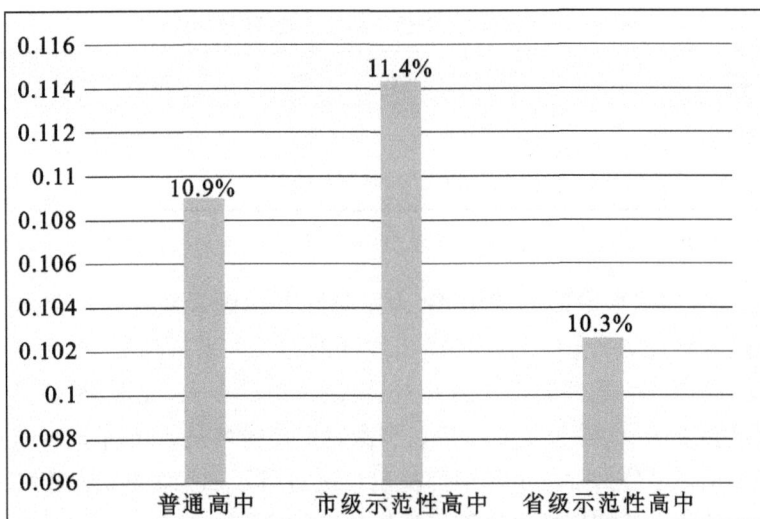

图 6-4 不同毕业高中类型学生的抑郁检出情况

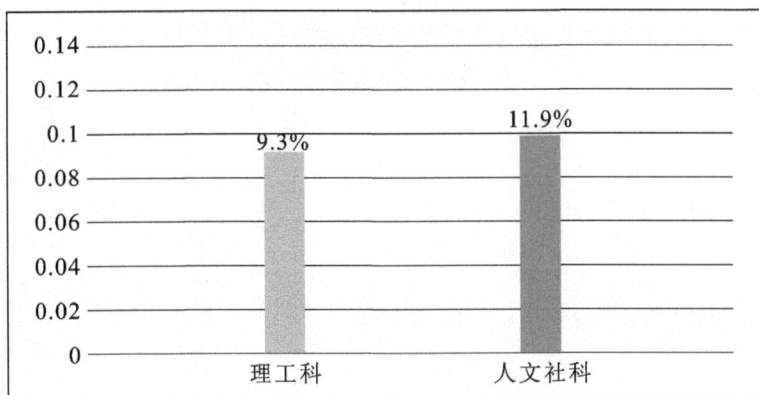

图 6-5 不同学科学生的抑郁检出情况

6.3 公费师范生和非师范生抑郁的差异分析

如表 6-2 所示,在 1978 名公费师范生中,有 188 人检出抑郁,抑郁检出比例为 9.5%。在 2289 名非师范生中,有 272 人检出抑郁,抑郁检出比例为 11.9%。非师范生的抑郁检出比例高于公费师范生,而且两者的差异是显著的。

表6-2 公费师范生和非师范生的抑郁检出差异

类别	人数	抑郁检出人数	比例	方差分析(F值)
公费师范生	1978	188	9.5%	13.95 ***
非师范生	2289	272	11.9%	

*表示在10%水平上显著;**表示在5%水平上显著,***;表示在1%水平上显著。

影响学生抑郁水平的因素很多,为了排除其他因素对学生抑郁状况的影响,探究是否是公费师范生与抑郁检出情况的相关关系,课题组控制了学生是否是人文社科专业、是否是第一志愿专业、是否是成年人、性别、是否是少数民族、是否是独生子女、是否是农村户口和家庭资产排名是否在后25%这些变量后,对学生是否是公费师范生和抑郁检出情况进行了回归分析,结果如表6-3所示,公费师范生的抑郁检出比例仍是显著更低的。

造成这一结果的原因可能是什么呢?按照前面几章的分析,相比于非师范生,公费师范生的教师职业认同感更高,教师职业选择认同度更高,预期就业难度更低,我们推测,这些因素可能导致了学生的低抑郁水平。

表6-3 公费师范生与非师范生的抑郁状况差异

因变量:抑郁得分	(1)	(2)
是否是公费师范生(1=是,0=否)	-0.71 ***	-0.73 ***
	(0.2)	(0.2)
是否是人文社科专业(1=是,0=否)		0.78 ***
		(0.2)
是否是第一志愿专业(1=是,0=否)		-0.28
		(0.22)
是否是成年人(1=是,0=否)		-0.04
		(0.13)
性别(1=男,0=女)		0.19
		(0.24)
是否是少数民族(1=是,0=否)		0.78 ***
		(0.29)

续表

因变量:抑郁得分	(1)	(2)
是否是独生子女(1 = 是,0 = 否)		- 0.22
		(0.22)
是否是农村户口(1 = 是,0 = 否)		0.21
		(0.24)
家庭社会经济地位排名是否在后 25%(1 = 是,0 = 否)		0.61 **
		(0.27)
常数	18.93 ***	19.15 ***
	(0.14)	(2.27)
样本量	4,147	4,147
R 的平方	0.003	0.012

＊表示在 10% 水平上显著;＊＊表示在 5% 水平上显著;＊＊＊表示在 1% 水平上显著。

6.4　公费师范生的报考动机与抑郁

如表 6 - 4 所示,在 1328 名内在动机型报考生中,有 86 人检出抑郁,抑郁检出比例为 6.5%。在 648 名非内在动机型报考生中,有 102 人检出抑郁,抑郁检出比例为 15.7%。非内在动机型报考生的抑郁检出比例高于内在动机型报考生,而且两者的差异是显著的。

表 6 - 4　公费师范生中的内在动机型报考生和非内在动机型报考生的抑郁检出差异

报考动机	人数	抑郁检出人数	比例	方差分析(F 值)
内在动机型	1328	86	6.5%	82.94 ***
非内在动机型	648	102	15.7%	

＊表示在 10% 水平上显著;＊＊表示在 5% 水平上显著;＊＊＊表示在 1% 水平上显著。

除了报考动机外,影响公费师范生抑郁水平的因素很多,为了排除其他因素对公费师范生抑郁状况的影响,探究是否是内在动机型报考生与抑郁检出情况的相关关系,控制了学生是否是人文社科专业、是否是第一志愿专业、是否是成年人、性别、是否是少数民族、是否是独生子女、是否是农村户口和家庭社会经济地位排名是否在后25%这些变量后,对公费师范生中是否是内在动机型报考生和抑郁检出情况进行了回归分析,结果如表6−5列(2)所示,公费师范生中的内在动机型报考生的抑郁检出比例仍然是显著更低的。

表6−5　内在动机型报考生与非内在动机型报考生的抑郁状况差异

因变量:抑郁得分	(1)	(2)
是否是内在动机型报考生(1 =是,0 =否)	− 2.52 ***	− 2.46 ***
	(0.29)	(0.29)
是否是人文社科专业(1 =是,0 =否)		0.64 **
		(0.28)
是否是第一志愿专业(1 =是,0 =否)		− 0.3
		(0.31)
是否是成年人(1 =是,0 =否)		− 0.14
		(0.17)
性别(1 =男,0 =女)		0.35
		(0.33)
是否是少数民族(1 =是,0 =否)		1.33 ***
		(0.38)
是否是独生子女(1 =是,0 =否)		− 0.27
		(0.31)
是否是农村户口(1 =是,0 =否)		0.32
		(0.34)
家庭社会经济地位排名是否在后25%(1 =是,0 =否)		0.03
		(0.36)
常数	19.91 ***	21.95 ***
	− 0.24	(3.08)
样本量	1,917	1,917
R 的平方	0.037	0.049

1. *表示在10%水平上显著;**表示在5%水平上显著;***表示在1%水平上显著。

2. 括号中为标准误。

造成这一结果的原因可能是什么呢？一个可能的解释是,他们将要学习的专业与他们实际想学的专业不符。因此,我们考察了是否是第一志愿专业与非师范生的抑郁状况之间的关联。

如表 6-6 所示,在 1482 名所学专业是第一志愿专业的非师范生中,有 171 人检出抑郁,抑郁检出比例为 11.54%。在 807 名所学专业不是第一志愿专业的非师范生中,有 101 人检出抑郁,抑郁检出比例为 12.52%。所学专业非第一志愿专业的非师范生的抑郁检出比例略高于所学专业为第一志愿专业的非师范生,但是两者的差异不是显著的。

表 6-6 所学专业是第一志愿和不是第一志愿的非师范生的抑郁检出差异

是否第一志愿	人数	抑郁检出人数	比例	方差分析(F 值)
第一志愿专业	1482	171	11.54%	1.49
非第一志愿专业	807	101	12.52%	

*表示在 10%水平上显著;**表示在 5%水平上显著;***表示在 1%水平上显著。

这个结果在一定程度上说明,所学专业与实际想学专业不符可能并不是非内在动机型报考生抑郁检出水平远高于内在动机型报考生的主要原因。

另一个可能的解释是,内在动机型报考生对教师这一职业的认同感更高,利他性动机更为充分,更能发现教师这一职业的乐趣,因此,抑郁水平更低。我们考察了学生的教师职业认同得分(得分计算方式详见第 8 章)与其抑郁得分的相关关系。从表 6-7 可以看出,学生的教师职业认同得分与其抑郁得分是负相关的,也就是说,随着教师职业认同得分的提高,学生的抑郁得分会下降。对教师职业的认同是导致内在动机型报考生抑郁水平更低的原因。

表 6-7 学生的标准化教师职业认同得分与抑郁得分的相关关系

因变量:抑郁得分	(1)	(2)
标准化教师职业认同得分	-0.53***	-0.53***
	(0.10)	(0.10)
是否是人文社科专业(1=是,0=否)		0.81***
		(0.20)

续表

因变量:抑郁得分	(1)	(2)
是否是第一志愿专业(1=是,0=否)		-0.32
		(0.22)
是否是成年人(1=是,0=否)		-0.01
		(0.13)
性别(1=男,0=女)		0.12
		(0.24)
是否是少数民族(1=是,0=否)		0.71**
		(0.29)
是否是独生子女(1=是,0=否)		-0.20
		(0.22)
是否是农村户口(1=是,0=否)		0.20
		(0.24)
家庭社会经济地位排名是否在后25%(1=是,0=否)		0.56**
		(0.27)
常数	18.60***	18.19***
	(0.10)	(2.27)
样本量	4,147	4,147
R的平方	0.007	0.016

1. *表示在10%水平上显著;**表示在5%水平上显著;***表示在1%水平上显著。

2. 括号中为标准误。

第7章　在校学习情况

师范生公费教育政策的目的是吸引更多优秀人才从教,促进基础教育的发展。吸引人才报考师范生是第一步,后续高校的人才培养工作对实现目标同样重要。部属师范类院校的培养质量如何? 公费师范生和非师范生比,他们在校期间的投入和收获有何差异? 我们在 2020 年的追踪调查中对学生的在校学习情况进行了全方位的了解。

为使本研究的结果具有科学性并与前人研究具备一定的可比性,我们参考了清华大学教育研究院在 2007 年编制的全美大学生学习性投入调查(National Survey of Student Engagement, NSSE) 的汉化版 NSSE – China 中涉及的一些问题[71-72],编制了我们的问卷。

7.1　学习情况

公费师范生政策规定要确保毕业生"有编有岗",学生面临的就业压力不大,因此存在学习动机不足、投入不足的情况。因此,我们对比了追踪调查的 1254 名公费师范生和 1330 名非师范生回答的在多项学习投入上的差异。

追踪调查中我们询问了学生每学年的阅读量,题目改编自 NSSE – China 关于学业挑战水平的问题。这道题询问了三个小题,分别是"大学期间平均每学年阅读指定的教材或参考书数量""大学期间平均每学年阅读学术论文/研究报告数量"和"大学期间平均每学年阅读非指定的书籍(拓宽知识面或休闲)数量"。如表 7 – 1 所示,无论是公费师范生还是非师范生,大学期间平均每学年阅读指定教材或参考书数量选择人数最多的选项均为 6—10 本;大学期间平均每学年阅读学术论文/研究报告数量选择人数最多的选项均为 3—5 篇;大学期间平均每学年阅读非指定的书籍数量选择人数最多的选项均为 3—5 本。虽然两类学生在三类阅读中的选项众数相同,但卡方检验结果显示,公费师范生和非师范生在大学期间平均每学年阅读指定的教材或参考书数量和大学期间平均每学年阅读学术论文/研究报告数量上有显著差异。

表7-1　公费师范生和非师范生平均每年各类书籍阅读数量差异

阅读种类	阅读量(本或篇)	公费师范生	非师范生	Chi2 值
指定的教材 或参考书	0	0.2%	0.8%	20.6 ***
	1—2	10.5%	6.7%	
	3—5	20.3%	20.6%	
	6—10	34.5%	34.9%	
	11—15	17.5%	20.6%	
	16—20	8.8%	7.7%	
	21—30	3.8%	4.0%	
	30 以上	4.5%	4.9%	
学术论文/ 研究报告	0	6.1%	2.8%	5.8 ***
	1—2	22.4%	15.7%	
	3—5	22.8%	21.0%	
	6—10	18.6%	19.8%	
	11—15	10.9%	14.6%	
	16—20	8.1%	9.4%	
	21—30	3.1%	4.8%	
	30 以上	8.1%	12.0%	

续表

阅读种类	阅读量(本或篇)	公费师范生	非师范生	Chi2 值
非指定的书籍（拓宽知识面或休闲）	0	1.7%	1.5%	7.3
	1—2	14.8%	16.7%	
	3—5	28.7%	28.1%	
	6—10	23.9%	22.6%	
	11—15	14.1%	12.1%	
	16—20	6.2%	6.5%	
	21—30	3.7%	3.6%	
	30 以上	6.9%	8.9%	

*表示在 10%水平上显著;**表示在 5%水平上显著;***表示在 1%水平上显著。

　　追踪调查询问了学生每周 7 天花在上校内课程、自习、自习中的英语学习、兼职和打工、参加课外活动、玩游戏和看视频等、健身和锻炼等,以及参与社交活动的小时总数。如表 7-2 所示,公费师范生和师范生每周 7 天上校内课表课程、玩游戏看视频和参与社交活动的时间较为相似;公费师范生中每周上自习超过 10 小时以上的比例(50.2%)远低于非师范生(67.7%);公费师范生中每周学习英语超过 5 小时以上的比例(44.6%)远低于非师范生(53.0%);公费师范生中每周健身锻炼超过 5 小时以上的比例(47.2%)高于非师范生(42.3%);公费师范生未参与兼职和打工的比例(28.0%)也远低于非师范生(43.6%)。总体来说,从参与学校安排的课程来看,公费师范生和非师范生没有明显差异,但是公费师范生面临的课业压力更小、自习的时间更短、有更多时间投入体育锻炼,同时,公费师范生面临的经济压力也更小,兼职打工的参与率更低。

表7-2　公费师范生和非师范生每周七天花在不同活动上的时数差异

小时数	上课(仅指校内课表课程)		Chi2 值	参加课外活动(如校园刊物、学生会/团委、社团活动、校内外运动比赛等)		Chi2 值
	公费师范生	非师范生		公费师范生	非师范生	
0	0.2%	0.2%		6.5%	8.1%	
1—5	2.9%	2.0%		47.9%	48.5	
6—10	7.6%	6.5%		21.5%	23.1%	
11—15	10.4%	9.2%	6.1	12.2%	10.1%	12.6 *
16—20	18.8%	20.1%		5.6%	5.7%	
21—25	22.1%	22.8%		3.4%	2.6%	
26—30	16.0%	15.3%		1.1%	1.0%	
30 以上	22.0%	24.0%		1.9%	0.8%	
小时数	自习(不包括上课,但包括预习、复习、读相关文献或专业期刊、做作业/实验等)		Chi2 值	玩游戏、看视频等		Chi2 值
	公费师范生	非师范生		公费师范生	非师范生	
0	0.8%	0.7%		1.3%	1.5%	
1—5	19.9%	12.6%		21.3%	18.0%	
6—10	29.1%	19.0%		27.1%	30.1%	
11—15	20.3%	22.9%	88.2 ***	23.3%	24.9%	8.7
16—20	13.3%	19.4%		14.1%	13.0%	
21—25	7.5%	10.8%		6.1%	5.5%	
26—30	3.5%	5.6%		2.6%	3.2%	
30 以上	5.8%	8.9%		4.3%	3.9%	

续表

小时数	自习(不包括上课,但包括预习、复习、读相关文献或专业期刊、做作业/实验等)中,英语学习时间总数		Chi2 值	健身、锻炼等		Chi2 值
	公费师范生	非师范生		公费师范生	非师范生	
0	5.4%	3.9%		4.2%	8.0%	
1—5	50.0%	43.1%		48.6%	49.7%	
6—10	22.4%	25.9%		24.7%	23.6%	
11—15	8.2%	13.2%	34.3***	11.3%	10.7%	25.6***
16—20	5.8%	6.6%		5.5%	4.3%	
21—25	3.9%	3.5%		2.7%	2.1%	
26—30	1.0%	1.7%		1.2%	0.8%	
30 以上	3.2%	2.0%		1.8%	0.8%	
小时数	兼职、打工(校内/校外)		Chi2 值	社交(如聚会、谈恋爱等)		Chi2 值
	公费师范生	非师范生		公费师范生	非师范生	
0	28.0%	43.6%		3.8%	3.5%	
1—5	35.4%	30.2%		42.0%	40.2%	
6—10	18.6%	13.2%		27.0%	29.9%	
11—15	8.8%	7.1%	77.5***	13.9%	13.1%	5.2
16—20	4.5%	3.4%		7.4%	7.5%	
21—25	2.7%	1.1%		2.9%	3.1%	
26—30	0.8%	0.2%		0.8%	1.1%	
30 以上	1.2%	1.1%		2.2%	1.6%	

*表示在10%水平上显著;**表示在5%水平上显著;***表示在1%水平上显著。

　　追踪调查还涉及了关于教育经历丰富度的问题,包括是否参加过以下活动:"实习""调查或调研类活动""社区服务或志愿者""组织或参与某个社团""在课程要求之外,和老师一起做研究""课程要求以外的语言学习(如上新东方、修二外等)""海外学习(短期或长期)""参加各类学术、专业或设计竞赛"
"报考专业资格证书/技能等级证书""辅修第二学位/专业"和"向专业学术期
刊/学术会议等投稿"。如图 7-1 所示,公费师范生参加实习的比例高于非师
范生,公费师范生参加调查或调研类活动、社区服务或志愿者、组织或参与某个
社团、海外学习、报考专业资格证书/技能等级证书、辅修第二学位/专业的比例
略高于非师范生。非师范生在课程要求之外,和老师一起做研究的比例高于公
费师范生,参加课程要求以外的语言学习、参加各类学术、专业或设计竞赛、向

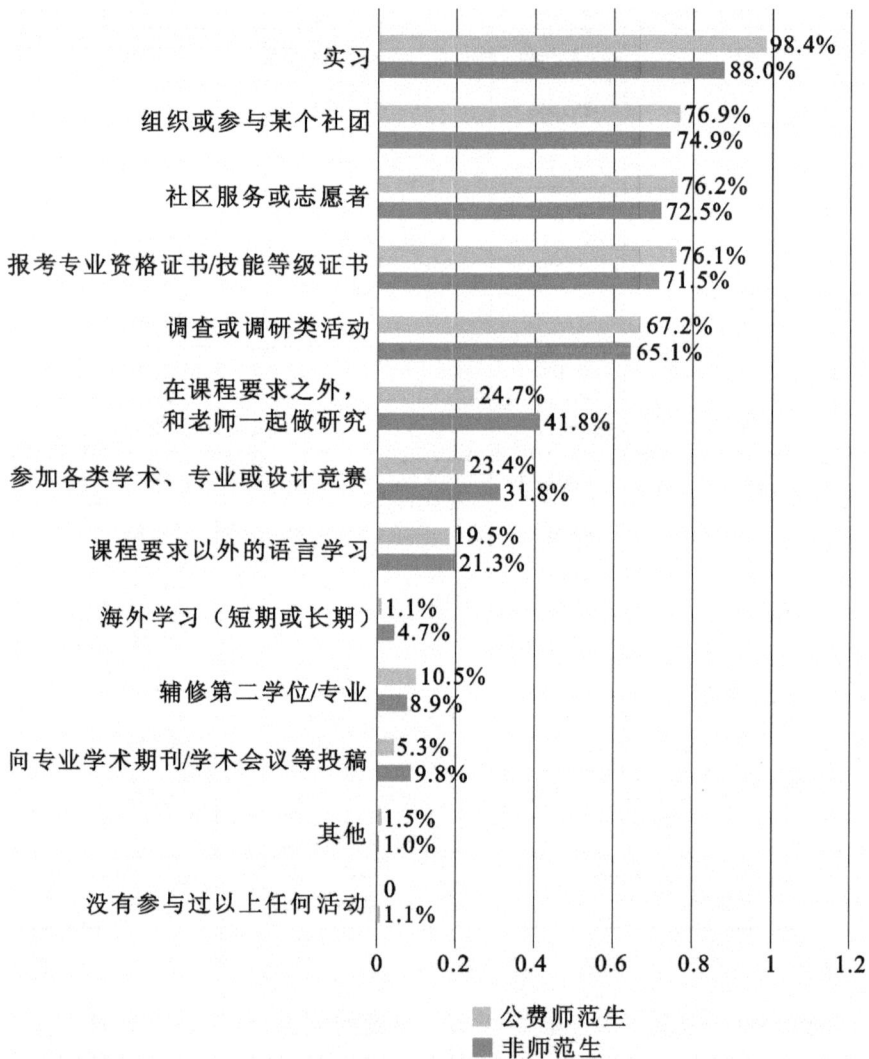

图 7-1 公费师范生和非师范生教育经历丰富度的差异

专业学术期刊/学术会议等投稿的比例略高于公费师范生。总体来说,公费师范生实践类型的教育经历丰富度高于非师范生,而非师范生参加学术类型的活动如和老师做研究、学术竞赛等的比例高于公费师范生,这与公费师范生的高就业导向、低读研预期比较一致。

评估调研中我们参考 NSSE - China 关于向学/厌学的量表,询问了学生对学习喜恶程度的描述,包括四个维度:"我愿意学习因为它使我不断成长""学习遇到困难时我总会想尽办法克服""我专心致志学习时内心充满了快乐"和"我不知道大学里所学的东西有什么用",同意程度为"4 = 非常同意,3 = 同意,2 = 不太同意,1 = 非常不同意"。如表 7 - 3 所示,公费师范生在"我愿意学习因为它使我不断成长""学习遇到困难时我总会想尽办法克服"和"我专心致志学习时内心充满了快乐"维度的同意度高于非师范生,且这种差异在统计学意义上显著,而非师范生在"我不知道大学里所学的东西有什么用"维度的同意度略高于公费师范生。由此可见,公费师范生的向学程度要高于非师范生。

表 7 - 3　公费师范生和非师范生关于学习的描述差异

维度	公费师范生平均值	非师范生平均值	T 值
我愿意学习因为它使我不断成长	3.2	3.1	3.4***
学习遇到困难时我总会想尽办法克服	3.2	3.1	2.5**
我专心致志学习时内心充满了快乐	3.2	3.1	4.2***
我不知道大学里所学的东西有什么用	1.6	1.7	-0.6

*表示在10%水平上显著;**表示在5%水平上显著;***表示在1%水平上显著。

7.2　学习收获和学业表现

NSSE - China 从知识收获、能力收获和价值观收获三个维度对大学生的教育收获进行测量。其中,知识收获包括通识知识和专业知识的收获,涉及的问题包括"广泛涉猎各个知识领域""深厚的专业知识与技能";能力收获包括表达能力、思维能力、解决问题能力等的提高,涉及的问题包括"良好的口头表达能力""良好的书面表达能力""熟练运用信息技术的能力""数字和统计信息的分析能力""与他人有效合作的能力""灵活应变能力""组织领导能力""批判性思维(深入分析并评价知识/观点的逻辑以及支持性证据)""解决现实中的复杂问题""运用创新性的观点或方法解决问题";价值观收获包括自我认识、价值判断、个人道德准则等的转变,涉及的问题包括"好奇心与想象力""确立、明晰人生观、价值观""明确自己未来的发展规划"。提高程度为:"4 = 极大提高,3 = 较大提高,2 = 有点提高,1 = 没有提高"。

如表 7 - 4 所示,追踪调查的 2584 名学生数据显示,学生经过四年的学习价值观收获最高(2.94 分),其中确立、明晰人生观、价值观维度均值最高(3.05分);知识收获次高(2.90 分),其中深厚的专业知识与技能维度最高(2.95分);能力收获最低(2.87 分),其中与他人有效合作的能力维度最高(3.00分)。学生感到能力提高最低的维度分别是书面表达能力(2.76 分)、组织领导能力(2.77 分),以及数字和统计信息的分析能力(2.79 分),这是教育管理者需要注意的问题。

表 7 - 4 学生教育收获情况

维度	均值	标准差	最小值	最大值
a. 知识收获	2.90	0.67	1	4
广泛涉猎各个知识领域	2.85	0.76	1	4
深厚的专业知识与技能	2.95	0.72	1	4
b. 能力收获	2.87	0.62	1	4
良好的口头表达能力	2.84	0.78	1	4
良好的书面表达能力	2.76	0.77	1	4
熟练运用信息技术的能力	2.92	0.73	1	4
数字和统计信息的分析能力	2.79	0.78	1	4
与他人有效合作的能力	3.00	0.71	1	4
灵活应变能力	2.94	0.73	1	4
组织领导能力	2.77	0.81	1	4
批判性思维(深入分析并评价知识/观点的逻辑以及支持性证据)	2.95	0.74	1	4

维度	均值	标准差	最小值	最大值
解决现实中的复杂问题	2.88	0.73	1	4
运用创新性的观点或方法解决问题	2.81	0.77	1	4
c.价值观收获	2.94	0.69	1	4
好奇心与想象力	2.85	0.78	1	4
确立、明晰人生观、价值观	3.05	0.75	1	4
明确自己未来的发展规划	2.92	0.80	1	4

如表 7-5 所示,追踪调查到的 1254 名公费师范生与 1330 名非师范生数据显示,公费师范生的所有教育收获维度均值均高于非师范生,公费师范生的教育收获多于非师范生。

表 7-5　公费师范生和非师范生教育收获差异

维度	公费师范生				非师范生			
	均值	标准差	最小值	最大值	均值	标准差	最小值	最大值
a.知识收获	2.97	0.66	1	4	2.83	0.67	1	4
广泛涉猎各个知识领域	2.92	0.75	1	4	2.79	0.76	1	4
深厚的专业知识与技能	3.03	0.70	1	4	2.87	0.73	1	4
b.能力收获	2.95	0.62	1	4	2.79	0.61	1	4
良好的口头表达能力	2.98	0.76	1	4	2.71	0.78	1	4
良好的书面表达能力	2.83	0.78	1	4	2.70	0.76	1	4
熟练运用信息技术的能力	3.02	0.72	1	4	2.83	0.73	1	4

续表

维度	公费师范生				非师范生			
	均值	标准差	最小值	最大值	均值	标准差	最小值	最大值
数字和统计信息的分析能力	2.86	0.78	1	4	2.72	0.77	1	4
与他人有效合作的能力	3.07	0.70	1	4	2.93	0.72	1	4
灵活应变能力	3.02	0.72	1	4	2.86	0.73	1	4
组织领导能力	2.85	0.81	1	4	2.69	0.81	1	4
批判性思维(深入分析并评价知识/观点的逻辑以及支持性证据)	3.00	0.73	1	4	2.91	0.75	1	4
解决现实中的复杂问题	2.95	0.73	1	4	2.81	0.73	1	4
运用创新性的观点或方法解决问题	2.87	0.77	1	4	2.75	0.76	1	4
c. 价值观收获	3.01	0.68	1	4	2.87	0.70	1	4
好奇心与想象力	2.90	0.77	1	4	2.79	0.79	1	4
确立、明晰人生观、价值观	3.12	0.73	1	4	2.98	0.76	1	4
明确自己未来的发展规划	3.01	0.77	1	4	2.84	0.81	1	4

我们获得了学生的四级考试(CET4)成绩,如表7-6、图7-2所示,非师范生的四级英语考试成绩高于公费师范生,且差异均在统计学意义上显著;非师范生在高分段的比例更高。这与非师范生在英语学习上投入更多时间的结果一致。

表 7-6 公费师范生与非师范生 CET4 成绩差异

项目	公费师范生	非师范生	T 值
CET4 成绩	470.6	478.9	-4.7***

* 表示在 10% 水平上显著；** 表示在 5% 水平上显著；*** 表示在 1% 水平上显著。

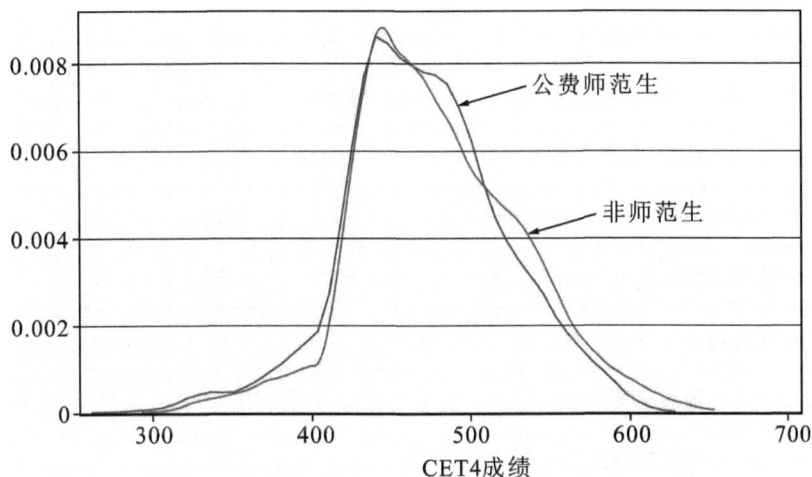

图 7-2 公费师范生与非师范生 CET4 成绩核密度曲线

7.3 报考动机与学习投入和学习收获的关系

如表 7-7 所示,追踪调查的内在动机型报考生和非内在动机型报考生数据显示,两类学生的教育收获中价值观收获最大,知识收获次之,能力收获最小,与总体数据结果一致,而内在动机型报考生所有维度均值均高于非内在动机型报考生,这与经验相符,内在动机型报考生在大学期间有更多收获。

表 7-7 内在动机型报考生和非内在动机型报考生的教育收获

维度	内在动机型		非内在动机型	
	均值	标准差	均值	标准差
a. 知识收获	3.01	0.67	2.89	0.65
广泛涉猎各个知识领域	2.95	0.76	2.85	0.73

维度	内在动机型		非内在动机型	
	均值	标准差	均值	标准差
深厚的专业知识与技能	3.07	0.70	2.94	0.70
b.能力收获	3.00	0.62	2.83	0.62
良好的口头表达能力	3.04	0.76	2.86	0.76
良好的书面表达能力	2.88	0.80	2.73	0.76
熟练运用信息技术的能力	3.05	0.72	2.96	0.72
数字和统计信息的分析能力	2.90	0.77	2.77	0.77
与他人有效合作的能力	3.13	0.69	2.96	0.72
灵活应变能力	3.08	0.71	2.90	0.73
组织领导能力	2.91	0.81	2.73	0.80
批判性思维(深入分析并评价知识/观点的逻辑以及支持性证据)	3.05	0.71	2.90	0.74
解决现实中的复杂问题	3.03	0.72	2.80	0.73
运用创新性的观点或方法解决问题	2.94	0.76	2.73	0.77
c.价值观收获	3.06	0.67	2.90	0.68
好奇心与想象力	2.95	0.75	2.80	0.80
确立、明晰人生观、价值观	3.16	0.73	3.02	0.73
明确自己未来的发展规划	3.08	0.76	2.89	0.77

7.4 报考动机与学业表现的关系

由于公费师范生和非师范生就读于不同专业,因此他们的学业表现(用学分绩衡量)无法直接对比。但是,内在动机型报考生和非内在动机型报考生就读于同样的专业,他们的学业表现可以直接对比。

我们获得了 2016 级所有学生的各科目成绩,并分别计算出了每个学生的所有科目总绩点(GPA)和专业课绩点(GPA_专业课)。如表 7 − 8 所示,内在动机型报考生总绩点(3.15)和专业课绩点(3.10)均高于非内在动机型报考生(3.10 和 3.04),且这种差异在统计学意义上显著。如图 7 − 3、7 − 4 所示,非内在动机型报考生在低绩点段的比例更高。

表 7 − 8　不同报考动机的公费师范生学业表现差异

成绩	内在动机型		非内在动机型		T 值
	均值	标准差	均值	标准差	
GPA	3.10	0.40	3.04	0.43	2.81***
GPA_专业课	3.15	0.46	3.10	0.51	2.36**

*表示在 10%水平上显著;**表示在 5%水平上显著;***表示在 1%水平上显著。

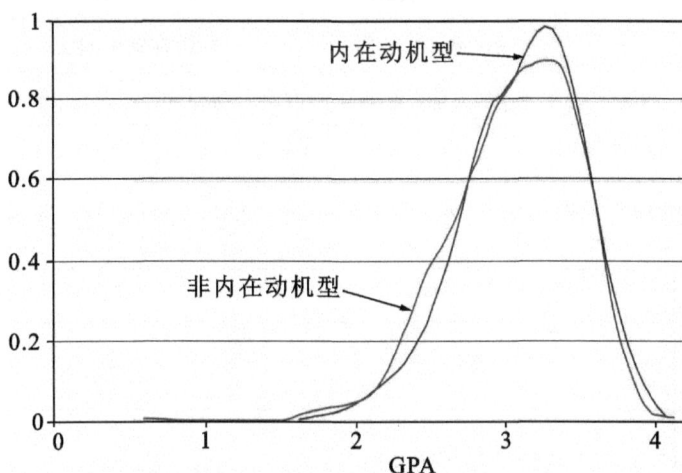

图 7 − 3　内在动机型报考生和非内在动机型报考生 GPA 核密度曲线

如表 7 − 9 所示,内在动机型报考生的 CET4 成绩均值(472.7)高于非内在动机型报考生的 CET4 成绩均值(466.0),且这种差异在统计学意义上显著。内在动机型报考生在高分段的比例更高(图 7 − 5)。

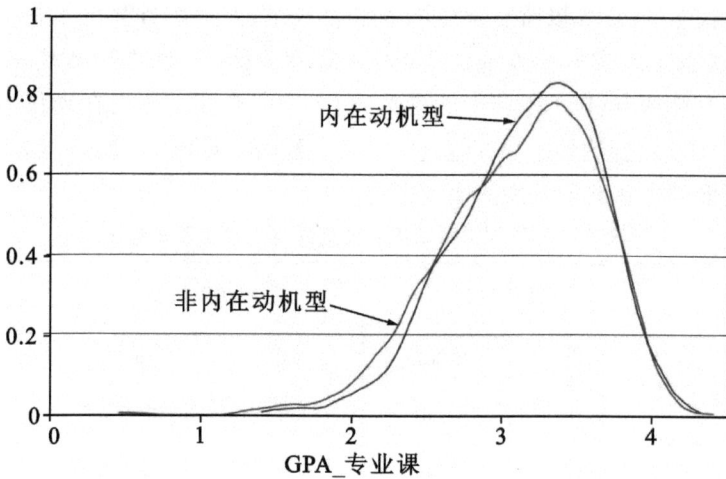

图 7-4　内在动机型报考生和非内在动机型报考生专业课 GPA 核密度曲线

表 7-9　不同报考动机的公费师范生 CET4 成绩差异

成绩	内在动机型				非内在动机型				T 值
	均值	标准差	最大值	最小值	均值	标准差	最大值	最小值	
CET4 成绩	472.7	50.5	271.0	607.0	466.0	49.5	305.0	61.0	2.4**

*表示在 10% 水平上显著;**表示在 5% 水平上显著;***表示在 1% 水平上显著。

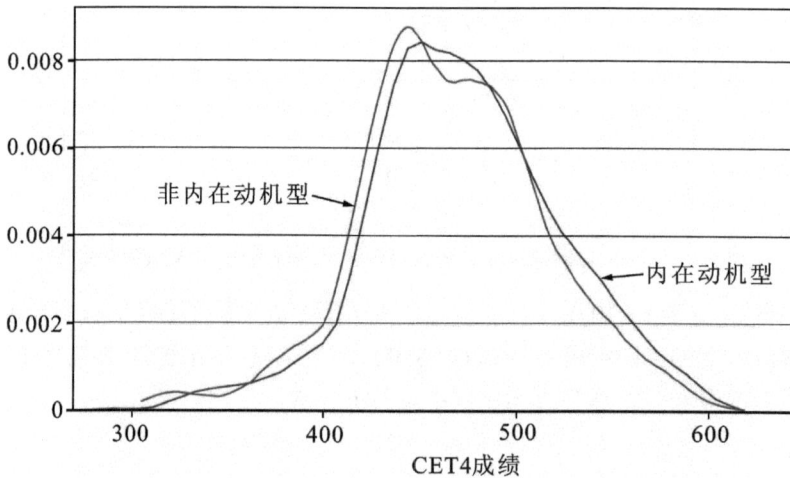

图 7-5　内在动机型报考生和非内在动机型报考生 CET4 成绩核密度曲线

第8章 教师职业选择

8.1 教师职业选择概述

职业选择是择业者根据自己的职业理想、职业期望、性格、能力和兴趣等，结合外部社会环境条件，从社会上众多类型职业中选择其中一种作为自己从事的职业的过程[73]，也是一种从主客观多方面进行综合考虑后做出的价值判断[74]。

近年来，在国外对教师的研究中，教师职业认同或教师职业选择已经逐渐成为独立的研究主题。教师职业认同既代表着个体从自己的经历中逐渐发展、确认自己的教师角色的过程，也代表着当下教师个体对于自己所从事的教师职业的认同程度。

澳大利亚学者 Watt 和 Richardson 在借鉴前人的期望价值理论基础上，进行了教师职业选择研究[75]，期望价值理论强调"成功期望及任务价值是影响个人任务选择的主要因素，社会经历对于任务选择也发挥着重要作用"。该理论基于价值领域的已有研究，将任务价值具体划分为内在职业价值(参与某一活动获得的乐趣)、实用价值(参与某一活动对个人未来发展的帮助)、成就价值(参与某一活动的重要社会意义)及代价(参与某一活动必须付出的努力及承担的压力)[76]。

本章以 2016 级入学的公费师范生为研究对象，考察他们的教师职业选择状况。调研中所使用的衡量教师职业选择的框架来源于 Watt 和 Richardson 在2007 年和 2012 年发表的关于教师职业选择的研究[75,77]。基于期望价值理论的教师职业选择影响因素模型认为，教师职业选择受多维度因素的影响。Watt 和

Richardson(2007)基于此开发了 FIT – Choice 量表(Factors Influencing Teaching Choice Scale)。

如图 8 – 1 所示,从做出选择的顺序来看,教师的职业选择首先是基于对社会化影响因素的认识,然后受到对任务的感知、对自我的感知、对教师职业价值的认识(包括内在价值、个人效用价值和社会效用价值三方面)和职业退路等因素的影响,最终形成职业选择。

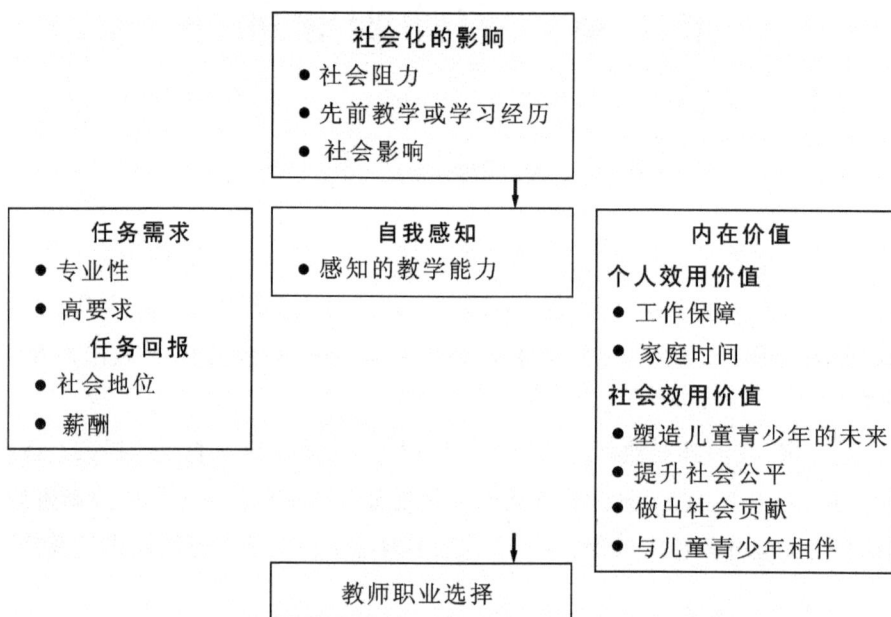

图 8 – 1　基于期望价值理论的教师职业选择影响因素模型

上述维度从类型上来看,也可以被分为动机和感知两大类。从动机的角度,FIT – Choice 量表既考虑了教师教育文献中强调的利他型动机,也考虑了个人功利性动机、内在动机和与能力相关的信念等。其中,利他型动机即量表中的高阶构念社会效用价值,包括塑造儿童青少年的未来、提升社会公平、作出社会贡献、与儿童青少年相伴四个一阶构念。个人功利性动机即个人效用价值高阶构念,包括工作保障和家庭时间两个一阶构念。内在动机即内在价值一阶构念,它衡量个体对教师工作的兴趣和从工作中获得的乐趣。此外,在期望价值理论看来,对成功的预期取决于个体如何评价自己拥有的能力,因此,对于个人能力的信念也是影响教师职业选择的重要因素,在量表中涉及的维度主要是感知的教学能力。最后,动机还包括先前教学或学习经历(即之前接触的有影响力的教师的影响)和社会影响(即外界对教师职业的看法)两个一阶构念。

从感知的角度,FIT – Choice 量表测量了个人对教师职业的需求和回报方面的看法,并包含对职业满意度和社会阻力的测量。其中,认为教师职业的任务需求高(包括专业性和高需求两个一阶构念)可能阻止人们从事教师职业,而如果认为老师职业具有高任务回报(包括社会地位和薪酬两个一阶构念)则有可能增加人们选择教师职业的倾向。该量表还包括社会阻力维度,以及对选择教师这一职业的满意度的测量。

FIT – Choice 量表采用里克特 7 点记分形式计分,答案由选项 1 – 7 组成,1 代表最不重要,7 代表最重要,1 – 7 选项程度依次递增。

8.2　教师职业选择——基线调查

8.2.1　总体情况

如表 8 – 1 所示,在基线调查中参与作答 FIT – Choice 量表的学生中,教师职业选择各维度平均分均在 4 – 5 分左右,这说明学生的教师职业选择认同感整体而言处于中等偏上水平。在动机类维度中,感知的教学能力为 5.4 分,内在价值为 5.1 分,工作保障为 5.5 分,家庭时间为 5.5 分,塑造儿童青少年的未来为 5.6 分,提升社会公平为 5.3 分,做出社会贡献为 5.6 分,与儿童青少年相伴为 4.5 分,先前教学或学习经历为 5.8 分,社会影响为 4.1 分。由此可见,动机类中先前教学或学习经历维度的平均分最高,做出社会贡献和塑造儿童青少年的未来次之,说明学生因为利他型动机而选择教师职业的意愿更高。而社会影响维度平均分最低,说明学生认为外界对教师职业的看法一般,该维度并不是动机中促使学生选择教师职业的主要因素。

感知类维度中,任务需求专业性维度平均分为 5.7 分,任务需求高需求维度平均分为 4.9 分,任务回报社会地位维度平均分为 5.1 分,任务回报薪酬维度平均分为 3.6 分,社会阻力维度平均分为 4.4 分,满意度平均分为 5.1 分。由此可见,任务需求专业性维度平均分最高,说明学生认为教师职业专业性高,有一定的准入门槛,社会地位平均分次之,说明学生认为教师职业可以得到较好的社会地位,但薪酬维度平均分最低,说明学生认为教师职业获得的薪酬回报最低。学生对教师职业的满意度更高,更可能选择教师职业。

表8-1 FIT-Choice量表各维度描述

维度		均值	标准差	最小值	最大值
a. 动机	感知的教学能力	5.4	1.4	1	7
	内在价值	5.1	1.8	1	7
	工作保障	5.5	1.6	1	7
	家庭时间	5.5	1.5	1	7
	塑造儿童青少年的未来	5.6	1.5	1	7
	提升社会公平	5.3	1.6	1	7
	作出社会贡献	5.6	1.5	1	7
	与儿童青少年相伴	4.5	1.9	1	7
	先前教学或学习经历	5.8	1.5	1	7
	社会影响	4.1	1.9	1	7
b. 感知	专业性	5.7	1.4	1	7
	高需求	4.9	1.4	1	7
	社会地位	5.1	1.4	1	7
	薪酬	3.6	1.5	1	7
	社会阻力	4.4	1.5	1	7
	满意度	5.1	1.6	1	7

8.2.2 公费师范生和非师范生在教师职业选择上的差异

依据基线调查数据,将公费师范生和非师范生在FIT-Choice量表的各维度上进行了比较。表8-2结果显示,动机类维度公费师范生平均分均高于非师范生,这说明公费师范生比非师范生更可能选择教师职业,且在统计学意义上差异均在5%的水平上显著。

在感知方面,公费师范生认为教师职业任务需求的专业性比非师范生高,而非师范生认为教师职业任务需求的高需求比公费师范生高,且这种差异在1%的水平上显著。这表明,公费师范生对教师职业专业性的评价更高(即认为教师职业需要高水平的知识和专业技能),而同时,他们也较少认为教师职业是高需求的(即认为教师职业工作量大、情感负担高等),这种认知上的差异也可能是导致学生作出不同选择的原因。而在任务回报社会地位和薪酬维度非师范生平均分高于公费师范生,且薪酬维度差异在统计学意义上在1%水平上显著,说明非师范生对教师职业回报的认可度更高。总体而言,公费师范生的教师职业满意度比非师范生高,在1%的水平上显著。

表 8-2　公费师范生和非师范生 FIT-Choice 量表得分的差异

维度		公费师范生	非师范生	T 值
a. 动机	感知的教学能力	5.4	5.3	2.4**
	内在价值	5.2	4.9	4.6***
	工作保障	5.8	5.3	10.4***
	家庭时间	5.7	5.3	8.4***
	塑造儿童青少年的未来	5.7	5.5	4.4***
	提升社会公平	5.4	5.2	2.9***
	作出社会贡献	5.7	5.5	4.0***
	与儿童青少年相伴	4.7	4.3	6.6***
	先前教学或学习经历	5.9	5.6	6.6***
	社会影响	4.3	3.9	7.6***
b. 感知	专业性	5.8	5.6	6.1***
	高需求	4.8	4.9	-4.4***
	社会地位	5.1	5.1	-1.1

续表

	维度	公费师范生	非师范生	T 值
b.感知	薪酬	3.5	3.7	− 5.5 ***
	社会阻力	4.3	4.5	− 4.5 ***
	满意度	5.4	4.8	12.4 ***

* 表示在 10% 水平上显著；** 表示在 5% 水平上显著；*** 表示在 1% 水平上显著。

8.2.3 报考动机对教师职业选择的影响

如表 8-3 所示，我们将内在动机型报考生和非内在动机型报考生在教师职业选择的各维度上进行了比较。结果显示，在动机类维度中，除工作保障没有显著差异外，在其他各维度上内在动机型报考生平均分均显著高于非内在动机型报考生。这说明，内在动机型报考生的利他型动机、个人功利性动机和与能力相关的信念等均显著高于非内在动机型报考生，内在动机型报考生的教师职业选择更加坚定。在感知类维度中，会对教师职业选择产生正面影响的维度，如对社会地位和薪酬的看法，内在动机型报考生显著高于非内在动机型报考生，而会对教师职业选择产生负面影响的维度，如社会阻力，内在动机型报考生显著低于非内在动机型报考生。

表 8-3　内在动机型报考生和非内在动机型报考生 FIT - Choice 量表得分的差异

	维度	内在动机型	非内在动机型	T 值
a.动机	感知的教学能力	5.6	5.1	7.2 ***
	内在价值	5.6	4.4	15.5 ***
a.动机	工作保障	5.8	5.8	0.0
	家庭时间	5.7	5.6	1.8 *
	塑造儿童青少年的未来	5.8	5.4	6.1 ***
	提升社会公平	5.5	5.1	6.5 ***
	作出社会贡献	5.8	5.4	6.3 ***
	与儿童青少年相伴	4.9	4.2	7.9 ***

续表

维度		内在动机型	非内在动机型	T 值
a. 动机	先前教学或学习经历	6.0	5.7	4.8***
	社会影响	4.5	4.1	3.9***
b. 感知	专业性	5.9	5.8	2.1*
	高需求	4.7	4.8	-1.2
	社会地位	5.2	4.8	6.7***
	薪酬	3.5	3.3	3.6***
	社会阻力	4.1	4.5	-4.7***
	满意度	5.7	4.8	15.2***

*表示在10%水平上显著；**表示在5%水平上显著；***表示在1%水平上显著。

上述结果表明，"如果没有家庭及经济压力你是否还会选择免费师范生"这一问题，可以较好地区分出比较具有教师职业理想、对教师职业选择更为坚定的学生和其他的教师职业理想较低、对教师职业选择不够坚定的学生。显然，非内在动机型报考生存在对教师职业选择动力不足的问题。

为了显示非内在动机型报考生存在的问题，我们进一步对比了非内在动机型报考生和非师范生在教师职业选择的各维度上的选择。如表 8 - 4 显示，在动机维度上，非内在动机型报考生仅在个人效用价值（包括工作保障和家庭时间）和社会影响上得分高于非师范生，而在感知的教学能力、内在价值和利他的社会效用价值（塑造儿童青少年的未来、提升社会公平、作出社会贡献和与儿童青少年相伴）上均低于非师范生。在感知维度上，非内在动机型报考生任务需求的专业性平均分显著高于非师范生，而非师范生任务需求的高需求平均分显著高于非内在动机型报考生。非师范生任务回报（社会地位和薪酬）维度平均分均高于非内在动机型报考生，且差异在统计学意义上显著。非师范生对教师职业的满意度平均分较高，社会阻力平均分较低。综合以上对比，非内在动机型报考生对教师职业在许多维度上的看法甚至比非师范生更低。他们之所以报考师范专业，可能是由于更看重教师职业的个人效用价值。

表 8 – 4   非内在动机型报考生和非师范生 FIT – Choice 量表得分的差异

维度		非内在动机型报考生	非师范生	T 值
a.动机	感知的教学能力	5.1	5.3	-3.0***
	内在价值	4.4	4.9	-6.4***
	工作保障	5.8	5.3	6.8***
	家庭时间	5.6	5.3	4.4***
	塑造儿童青少年的未来	5.4	5.5	-1.0
	提升社会公平	5.1	5.2	-2.3**
	作出社会贡献	5.4	5.5	-1.4
	与儿童青少年相伴	4.2	4.3	-0.8
	先前教学或学习经历	5.7	5.6	1.4
	社会影响	4.1	3.9	2.6**
b.感知	专业性	5.8	5.6	2.8***
	高需求	4.8	4.9	-2.2*
	社会地位	4.8	5.1	-5.2***
	薪酬	3.3	3.7	-6.2***
	社会阻力	4.5	4.5	0.1
	满意度	4.8	4.8	-0.6

*表示在 10% 水平上显著；**表示在 5% 水平上显著；*** 表示在 1% 水平上显著。

8.3   教师职业选择——追踪调查

8.3.1   教师职业选择的前后对比

在 2020 年的追踪调查中，我们只针对公费师范生和毕业后选择了教师职业的非师范生施测了教师职业选择量表。因此，此部分数据包括追踪到的所有公费师范生和 117 名非师范生。表 8 – 5 显示了这两类学生在基线和追踪调查中的教师职业选择量表得分及差异。

表 8 – 5 可以回答的第一个问题是：公费师范生在经历大学教育前后，其教师职业选择发生了什么样的改变？比较列（1）和列（2）可知，动机方面，公

费师范生在感知的教学能力、提升社会公平和作出社会贡献方面没有明显变化。公费师范生的内在价值、与儿童青少年相伴和社会影响维度有显著提高。同时,教师职业的个人效用价值,包括工作保障和家庭时间均有显著下降,说明公费师范生对教师职业在个人效用价值方面的评价有所降低。感知方面,四年的大学教育使得公费师范生更加体会到教师职业的专业性和高需求性。尤其值得注意的是高需求维度,这一维度是所有维度中变化最大的。此外,虽然感知的社会地位、薪酬和满意度均有所下降,但感知到的社会阻力也下降了。综上所述,经过四年的学习和沉淀,公费师范生对教师职业了解更深以后,更加了解教师职业的要求,更加肯定教师的内在价值,对社会价值看法有升有降,同时倾向于对教师的个人效用价值和社会回报评价更低。这说明,经过学习之后,公费师范生对教师职业的看法更加谦虚、务实,更能意识到教师职业的高要求、低回报,满意度更低,但同时也增强了自己选择这一职业的内在动机。

表 8-5 可以回答的第二个问题是:没有经历师范生教育但最终仍选择了教师职业的学生,和公费师范生比,大学四年教师职业选择改变如何? 比较列(3)和列(4)可知,动机方面,这部分学生在家庭时间方面有显著降低,在与儿童青少年相伴和社会影响方面有显著提高;感知方面,专业性、高需求和社会阻力方面均有显著增加。对比最终选择了教师职业的非师范生和公费师范生可以看出,除社会阻力维度,两类学生变化的方向大体相同,但非师范生的变化较公费师范生幅度更小,因而显著的维度也更少。这说明,两类学生都对教师职业有了更深入的认识,但身处专业的师范生教育的学生认识更加深入。此外,非师范生感受到的社会阻力有所增大,这可能与他们实实在在地选择了教师职业有关。

表 8-5 可以回答的第三个问题是:公费师范生和没有经历师范生教育但最终仍选择了教师职业的学生,教师职业选择有何区别? 列(1)和列(3)的对比,以及列(2)和列(4)的对比均说明,除个别维度,这两类学生在大学前后,教师职业选择的区别均不大。对比表 8-2 的全体非师范生,说明最终选择了教师职业的非师范生确实更类似于师范生,对教师职业有更高的评价和向往。

表 8 - 5 公费师范生与非师范生 FIT - Choice 量表得分的变化

维度		公费师范生		毕业后成为教师的非师范生		T 值			
		(1) 基线	(2) 追踪	(3) 基线	(4) 追踪	(2) - (1)	(4) - (3)	(1) - (3)	(2) - (4)
a.动机	感知的教学能力	5.4	5.5	5.5	5.5	1.0	-0.1	-0.9	-0.3
	内在价值	5.3	5.5	5.3	5.4	3.5***	0.7	0.1	0.2
	工作保障	5.8	5.6	5.6	5.7	-4.6***	0.1	1.3	-0.7
	家庭时间	5.7	5.1	5.7	5.2	-12.8***	-3.0***	0.2	-1.1
	塑造儿童青少年的未来	5.7	5.6	5.7	5.5	-2.6**	-1.5	-0.1	0.9
	提升社会公平	5.4	5.3	5.5	5.3	-0.7	-1.0	-0.8	0.0
	作出社会贡献	5.7	5.7	5.7	5.7	-1.3	-0.4	-0.3	-0.3
	与儿童青少年相伴	4.7	5.2	4.6	5.3	8.8***	3.4***	0.5	-0.9
	先前教学或学习经历	5.9	5.7	5.7	5.8	-4.3***	0.3	1.5	-0.1
	社会影响	4.3	4.7	4.3	5.0	5.6***	2.9***	0.3	-2.1**
b.感知	专业性	5.9	6.1	5.5	6.0	5.9***	2.4**	2.7***	1.5
	高需求	4.8	5.9	4.9	5.7	25.6***	5.2***	-0.6	1.4
	社会地位	5.1	4.9	5.3	5.0	-5.6***	-1.6	-1.0	-1.2
	薪酬	3.5	3.0	3.7	3.5	-8.8***	-1.0	-1.7*	-3.3***
	社会阻力	4.2	4.1	4.0	4.4	-1.8*	2.3**	1.8*	-1.8*
	满意度	5.5	5.2	5.4	5.4	-6.1***	0.2	1.0	-1.4

*表示在 10% 水平上显著;**表示在 5% 水平上显著;***表示在 1% 水平上显著。

8.3.2 内在动机型报考生和非内在动机型报考生教师职业选择的前后对比

如表 8 - 6 所示,我们将内在动机型报考生和非内在动机型报考生在教师职业选择的各维度上进行了比较。

首先,内在价值维度(涉及个体对教师工作的兴趣和从工作中获得的乐趣),非内在动机型报考生在接受了大学教育之后,由最开始的平均分 4.5 分提高到了 5.1 分,在 1% 的水平上显著。而内在动机型报考生前后的内在价值没有显著改变。这说明师范生教育提高了本身内在动机不足的个体对教师工作的兴趣,使他们更能从教师工作中感受到乐趣。但是,在追踪调查期间,非内在动机型报考生的内在价值得分仍显著低于内在动机型报考生。

其次,从动机的其他维度来看,内在动机型报考生和非内在动机型报考生的变化方向相似。也就是说,是否是内在动机型报考生对公费师范生感知的教学能力、社会效用价值和个人效用价值维度得分的变化没有太大关系。师范生教育对他们影响的方向是一样的。整体来说,内在动机型报考生的变化幅度更大。从最终的结果来看,在动机的所有维度上,内在动机型报考生仍显著高于非内在动机型报考生。

最后,在感知类维度上,内在动机型报考生和非内在动机型报考生的变化方向也十分相似,内在动机型报考生的变化幅度更大。值得注意的是,非内在动机型报考生在基线调查时的满意度较低,而追踪调查时没有发生太大变化。相反,内在动机型报考生在基线调查时的满意度较高,而追踪调查时显著降低。但从最终的结果来看,追踪调查时内在动机型报考生的满意度仍显著高于非内在动机型报考生。

综上所述,在基线调查时,内在动机型报考生在教师职业选择的各维度上显著高于非内在动机型报考生。到追踪调查时,经过四年的师范专业教育,两类群体在各维度的差距上总体有所缩小(尤其是内在价值和满意度方面),但内在动机型报考生仍高于非内在动机型报考生,更愿意选择教师职业。

表 8 – 6　内在动机型报考生与非内在动机型报考生 FIT – Choice 量表得分的变化

维度		内在动机型		非内在动机型		T 值		
		(1) 基线	(2) 追踪	(3) 基线	(4) 追踪	(2) – (1)	(4) – (3)	(2) – (4)
a. 动机	感知的教学能力	5.6	5.6	5.1	5.2	0.4	1.1	4.9***
	内在价值	5.7	5.6	4.5	5.1	−1.0	6.8***	6.0***
	工作保障	5.8	5.7	5.8	5.4	−2.6**	−4.1***	3.5***
	家庭时间	5.8	5.2	5.6	4.9	−9.6***	−8.5***	3.6***
	塑造儿童青少年 的未来	5.8	5.7	5.4	5.4	−3.1***	−0.3	3.7***
	提升社会公平	5.5	5.4	5.0	5.1	−1.2	0.5	4.4***
	做出社会贡献	5.8	5.8	5.5	5.4	−1.6	−0.1	6.3***

续表

维度		内在动机型		非内在动机型		T 值		
		(1)基线	(2)追踪	(3)基线	(4)追踪	(2) - (1)	(4) - (3)	(2) - (4)
a.动机	与儿童青少年相伴	4.9	5.3	4.3	4.8	6.8 ***	5.4 ***	5.5 ***
	先前教学或学习经历	6.0	5.8	5.7	5.6	−4.1 ***	−1.8 *	3.3 ***
	社会影响	4.4	4.8	4.2	4.4	4.7 ***	3.0 ***	3.6 ***
b.感知	专业性	5.9	6.2	5.8	6.0	5.3 ***	2.6 **	2.5 **
	高需求	4.8	5.9	4.8	5.8	22.5 ***	12.7 ***	1.7 *
	社会地位	5.3	5.0	4.8	4.6	−5.2 ***	−2.4 **	4.5 ***
	薪酬	3.6	3.1	3.3	2.8	−7.2 ***	−5.0 ***	3.2 ***
	社会阻力	4.1	4.1	4.4	4.1	−0.6	−2.4 **	−0.5
	满意度	5.8	5.3	4.9	4.9	−8.7 ***	0.8	5.1 ***

*表示在10%水平上显著；**表示在5%水平上显著；***表示在1%水平上显著。

第 9 章 实际就业与履约

9.1 毕业生就业去向描述

2020 年,全国高校毕业生人数再创新高,达到 874 万,同比增长 40 万[78]。那么,样本本科毕业生的就业状况如何? 2020 年 12 月,我们通过电子问卷的形式向他们发放了问卷。根据第 3 章的分析,追踪到的样本与基线调查样本(全体 2016 级本科生)在个体特征、家庭特征、学习经历等方面均无显著性差异,追踪样本的情况可以代表全体 2016 级本科生。

学生毕业后的去向如表 9 - 1 所示:去工作的人数最多,占 61.8%;其次留在国内攻读研究生的比例为 24.8%;6.3% 的学生在准备考研;2.4% 的学生去国外留学;1.9% 的学生选择备考公务员/事业单位/各类证书考试等,其余待业或正在找工作、尚无明确计划、有其他选择和创业的学生比例分别为 1.3%、0.9%、0.6% 和 0.1%。以劳动参与率(实际工作和创业的人数与总人数的比)计,样本学生的劳动参与率为 61.9%;以就业率(实际工作和创业的人数与有就业愿意的人数的比)计,样本学生的就业率为 97.9%。

表 9 - 1 学生毕业后的去向

毕业后去向	人数	比例
工作	1,596	61.8%
留在国内攻读研究生	640	24.8%
去国外留学	63	2.4%
创业	2	0.1%
待业或正在找工作	33	1.3%

续表

毕业后去向	人数	比例
准备考研	163	6.3%
备考公务员/事业单位/各类证书考试等	49	1.9%
尚无明确计划	22	0.9%
其他	16	0.6%
合计	2584	100%

去工作的毕业生中,行业分布如表 9 - 2 所示。89.7%的毕业生工作行业属于教育行业,2.3%的毕业生工作行业属于信息传输/计算机服务和软件业,1.7%的毕业生工作行业属于采矿业/制造业/建筑业,1.2%的毕业生工作行业属于党政机关/群众组织/社会团体/国际组织,1.1%的毕业生工作行业属于金融业,4.1%的毕业生在其他行业就业。就业学生去教育行业的人数最多,近90%进入了教育行业。信息传输/计算机服务和软件业的平均工资最高,为8377.8 元,金融业次之,为 7582.4 元,教育行业平均工资最低,为4565.0 元。

表 9 - 2 学生就业的行业分布及工资情况

行业分布	人数	比例	平均工资（元）	工资标准差（元）
教育	1427	89.7%	4565.0	2754.6
信息传输/计算机服务和软件业	36	2.3%	8377.8	4433.1
采矿业/制造业/建筑业	27	1.7%	5031.5	1667.5
党政机关/群众组织/社会团体/国际组织	19	1.2%	5072.1	2248.9
金融业	17	1.1%	7582.4	4245.2
其他	65	4.1%	5232.3	1939.8
合计	1591	100.0%	4710.0	2853.8

注:由于学生拒填、漏填等原因,表 9 - 2 中的合计数量小于去工作学生的总人数,下同。

去工作的毕业生中,单位类型如表 9 - 3 所示。82.7%的毕业生选择去中小学校工作,7.2%的毕业生选择去民营企业工作,7.5%的毕业生选择去国有企业/其他事业单位/党政机关工作,2.6%的毕业生选择其他类型的企业工作。就业毕业生选择去中小学校工作的人数最多,比例超过80%。民营企业的平均工资最高,为6376.1 元,国有企业次之,为6109.3 元,中小学校的平均工资最低,为 4490.4 元。

表 9 - 3　学生就业的单位类型及工资情况

单位类型	人数	比例	平均工资(元)	工资标准差(元)
中小学校	1316	82.7%	4490.4	2775.3
民营企业	115	7.2%	6376.1	3043.3
国有企业	54	3.4%	6109.3	2441.6
其他事业单位	46	2.9%	4502.2	2137.1
党政机关	19	1.2%	5055.3	2272.7
其他	41	2.6%	5888.3	3639.7
合计	1591	100.0%	4710.0	2853.8

　　去工作的毕业生中,工作地如表 9 - 4 所示。工作属于省会城市和地级城市的毕业生最多,均占总人数的 37.5%;工作地属于县城的毕业生人数占 14.5%;工作地属于直辖市的毕业生占总人数的 8.5%;工作地属于镇和农村的毕业生人数较少,总计只有 2.1%。绝大多数毕业生毕业后去了地级城市及以上的地区工作。直辖市工作的毕业生平均工资最高,为 5309.8 元,省会城市次之,为 4777.5 元,县城工作的毕业生平均工资最低,为 4265.5 元。

表 9 - 4　学生就业的工作地及工资情况

工作地	人数	比例	平均工资(元)	工资标准差(元)
直辖市	135	8.5%	5309.8	3078.2
省会城市	596	37.5%	4777.5	3183.4
地级城市	596	37.5%	4732.6	2832.7
县城	230	14.5%	4265.5	1599.6
镇	26	1.6%	4456.5	2040.3
农村	8	0.5%	4425.0	1489.7
合计	1591	100.0%	4710.0	2853.8

　　如表 9 - 5 所示,在西部地区就业的毕业生人数最多,占 64.4%,在东部和中部就业的毕业生比例相当,分别占 19.2% 和 16.3%。东部地区工作的毕业生平均工资最高,为 5685.2 元,中部地区次之,为 4499.9 元,西部地区最低,为

4495.1 元。

表 9 - 5　学生就业的地域及工资情况

毕业后去向	人数	比例	平均工资(元)	工资标准差(元)
东部地区	306	19.2%	5685.2	3045.2
中部地区	260	16.3%	4499.9	3427.1
西部地区	1025	64.4%	4495.1	2550.0
合计	1591	100.0%	4710.0	2853.8

如表 9 - 6 所示,大部分学生回生源地所在的省工作,占88.1%,毕业后工作地点不在生源地所在省的学生占 11.9%,且不在生源地省份工作的学生平均工资(6566.3 元)要高于留在自己生源地工作的学生(4477.2 元),平均高出2000 多元。

表 9 - 6　学生就业的省份与生源地的一致性情况

毕业后工作地是否是生源地	人数	比例	平均工资(元)	工资标准差(元)
是	1385	88.1%	4477.2	2720.0
否	187	11.9%	6566.3	3168.4
合计	1572	100.0%	4725.7	2857.3

9.2　公费师范生和非师范生就业去向及工资对比

追踪调查涉及的 2584 名毕业生,公费师范生有 1254 人,非师范生有1330 人。从表 9 - 7 中可以看出,由于政策限制,公费师范生去工作的比例(98.1%)远高于非师范生(27.5%),而非师范生选择其他各类去向的比例均高于公费师范生。工作的非师范生平均工资(5827.1 元)高于公费师范生(4400.1 元)。公费师范生与非师范生毕业去向与他们在基线调研时的估计大体一致,公费师范生多数倾向于从事中小学教学工作,非师范生多数倾向于考研,但是不同的是四年后公费师范生工作人数比例提升了近 10%,而非师范生读研比例实际比预期少了 20% 以上(就业预期详见第 5 章)。公费师范生和非师范生实际收入比预期都多了 1000 元以上,非师范生工资实际同样比公费师范生多了 1000 元以上。

去工作的 1591 名毕业生中,100.0%的公费师范生进入教育行业工作,54.7%的非师范生进入教育行业工作,低于公费师范生的比例,但也超过了非师范生的一半。同是进入教育行业,公费师范生的工资(4400.1 元)远低于非师范生(5588.8 元)。

去工作的 1591 名毕业生中,公费师范生工作单位性质为中小学校的比例(97.6%)远高于非师范生(32.0%),非师范生去民营企业的比例(31.5%)略低于去中小学校的比例。进入中小学校的公费师范生的工资(4407.4 元)也远低于进入中小学校的非师范生(5348.9 元)。

去工作的 1591 名毕业生中,非师范生去省会城市(44.2%)、直辖市(11.6%)工作的毕业生比例高于公费师范生(35.5%和 7.6%),公费师范生去地级城市(40.6%)、县城(15.1%)的比例高于非师范生(26.8%和 12.2%),非师范生去镇(4.1%)和农村(1.1%)工作的毕业生比例高于公费师范生(0.9%和 0.3%)。

去工作的 1591 名毕业生中,公费师范生去西部地区(66.3%)的比例最高,高于非师范生(58.0%),非师范生去东部地区(33.4%)工作的比例是公费师范生(15.1%)的 2 倍以上。公费师范生和非师范生实际就业区域与入学时的基线调研预期就业区域结果基本一致。由于政策限制,公费师范生就业回生源地的预期与实际回生源地的比例基本一致,而非师范生原本预期回生源地的比例从 67.9%降至了 58.5%,少了近 10%。

同一学校同年录取的学生具有一定的同质性,公费师范生和非师范生就业去向的对比在某种意义上能够体现公费师范生政策目标的实现度。参照《教育部直属师范大学师范生免费教育实施办法(试行)》《关于完善和推进师范生免费教育的意见》和《国务院办公厅关于转发教育部等部门教育部直属师范大学师范生公费教育实施办法的通知》三项政策文本,公费师范生政策分目标的实现度有一定的区别:

1."培养大批优秀教师"分目标实现度较高,98.1%的公费师范生毕业后直接工作且 100.0%进入教育行业,非师范生只有 14.9%毕业后直接进入教育行业。

2."回生源所在省份任教"、促进东中西部教育均衡发展分目标实现度较高,96.7%的公费师范生回到生源地所在省份任教。

3."为农村中小学和幼儿园培养大批下得去、留得住、干得好的骨干教师"这一目标实现度非常低,只有 1.2%的公费师范生到镇和农村一级就业,非师范生去镇和农村一级的就业人数(19 人)和比例(5.2%)略高于非师范生。

表9-7 公费师范生和非师范生就业去向及工资对比

去向分类		公费师范生			非师范生		
		人数	比例	平均工资（元）	人数	比例	平均工资（元）
工作与否	工作	1230	98.1%	4400.1	366	27.5%	5827.1
	读研	4	0.3%		643	48.4%	
	其他	20	1.6%		321	24.1%	
行业分类	教育行业	1229	100.0%	4400.1	198	54.7%	5588.8
	其他行业	0	0.0%	0.0	164	45.3%	6114.8
单位类型	中小学校	1200	97.6%	4407.4	116	32.0%	5348.9
	民营企业	1	0.1%	6000.0	114	31.5%	6379.4
	国有企业	1	0.1%	7000.0	53	14.6%	6092.5
	其他类型	27	2.2%	3918.5	79	21.8%	5554.1
所在地类型	直辖市	93	7.6%	4351.6	42	11.6%	7431.4
	省会城市	436	35.5%	4364.8	160	44.2%	5901.8
	地级城市	499	40.6%	4546.4	97	26.8%	5690.1
	县城	186	15.1%	4139.3	44	12.2%	4798.9
	镇	11	0.9%	4151.9	15	4.1%	4679.9
	农村	4	0.3%	3925.0	4	1.1%	4925.0
就业区域	东部地区	185	15.1%	4911.3	121	33.4%	6868.4
	中部地区	229	18.6%	4420.8	31	8.6%	5083.9
	西部地区	815	66.3%	4278.2	210	58.0%	5336.8
是否在生源地所在省份工作	在生源地所在省份	1178	96.7%	4343.3	207	58.5%	5239.1
	不在生源地所在省份	40	3.3%	5987.5	147	41.5%	6723.8

9.3　公费师范生的履约情况

样本 1254 名公费师范生中,如表 9 - 8 所示,毕业时有 1220 名学生没有违约,比例高达 97.3%。与第五章在学生刚入学时获取的数据进行对比,我们发现,尽管许多学生在入学的时候表达了违约的倾向,但出于各种考虑,最终到刚毕业时绝大多数并没有违约。我们使用多选题询问了学生履约的原因。如表 9 - 9 所示,学生选择履约的原因从高到低依次为"教师职业工作稳定"(74.2%),"对教学感兴趣(54.3%)""父母、家人希望我从事教师职业(49.8%)""违约成本太高(41.8%)""其他工作不好找"(24.2%),其他原因(1.3%)。由此可见,公费师范生履约的原因选择人数最多的是"教师职业工作稳定",近一半的学生履约原因有"对教学感兴趣""父母、家人希望我从事教师职业"。

表 9-8　公费师范生毕业违约情况

公费师范生毕业是否违约	人数	比例
毕业违约	34	2.7%
毕业没有违约	1220	97.3%

表 9-9　学生履约的原因

履约的原因	人数	比例
对教学感兴趣	662	54.3%
教师职业工作稳定	905	74.2%
教师职业待遇符合我的要求	606	49.7%
父母、家人希望我从事教师职业	607	49.8%
其他工作不好找	295	24.2%
违约成本太高	510	41.8%
其他	16	1.3%

样本 1254 名公费师范生中,有 34 人违约,比例为 2.7%,其中有 24 人违约后同样去了中小学校工作,但是没有去合约规定的地点,其余 10 人违约则选择了去深造,这 10 人中 4 人去国外留学,4 人准备考研,2 人在国内攻读研究生。

如表9-10所示,学生选择的违约原因依次为"不想回生源地"(52.9%),"有其他更好的工作机会"(44.1%),"想读研"(29.4%),"对教学不感兴趣"(11.8%),"对教学感兴趣,但不想从事教师职业"(5.9%),"不想完成履约服务期"(2.9%)或其他(2.9%)。由此可见,公费师范生违约的原因选择人数最多的是"不想回生源地"。具体分析发现,违约的34名学生的工作去向集中于广东省深圳市和江苏省镇江市两地。深圳市接收了11名违约的公费师范生,镇江市接收了8名。这些学生的生源分布在陕西、山西等省份,其中52.6%来自西部地区,36.8%来自中部地区。

表9-10 学生违约的原因

违约的原因	人数	比例
对教学不感兴趣	4	11.8%
对教学感兴趣,但不想从事教师职业	2	5.9%
不想完成履约服务期	1	2.9%
不想回生源地	18	52.9%
想读研	10	29.4%
有其他更好的工作机会	15	44.1%
其他	1	2.9%

9.4 公费师范生的特征与就业去向

公费师范生的履约率高达97.3%且选择工作的人中100%进入教育行业。为了更清楚地了解不同特征的公费师范生就业的情况,我们按照毕业生的性别、民族、户口类型、是否为独生子女、是否为家庭第一代大学生和生源地(东中西部地区),详细展示了这些毕业生就业的单位和所在地。

如表9-11所示,追踪到的1254名公费师范生中,女生比例为76.2%,女生毕业后参加工作(98.6%)的比例和平均工资(4400.8元)略高于男生参加工作的比例(96.1%)和平均工资(4395.1元),男生和女生去直辖市工作的比例相当,女生去省会城市工作(38.6%)的比例高于男生(23.4%),男生去地级市(44.7%)和县城及以下(24.3%)工作的比例高于女生(39.8%和14.0%)。这可能说明,女生更倾向于去省会城市及以上的大城市,或者女生在应聘工作时表现更好,更容易留在大城市。

表9-11　公费师范生毕业去向-性别对比

去向分类		男生			女生		
		人数	比例	平均工资(元)	人数	比例	平均工资(元)
工作与否	工作	273	96.1%	4395.1	943	98.6%	4400.8
	读研	1	0.4%		3	0.3%	
	其他	10	3.5%		10	1.1%	
行业分类	教育行业	273	100.0%	4395.1	942	100.0%	4400.8
	其他行业	0	0.0%		0	0.0%	
单位分类	中小学校	270	98.9%	4403.2	916	97.2%	4408.0
	民营企业	0	0.0%		1	0.1%	6000.0
	国有企业	0	0.0%		1	0.1%	7000.0
	其他类型	3	1.1%	3666.7	24	2.6%	3950.0
所在地类型	直辖市	21	7.7%	5127.1	72	7.6%	4125.4
	省会城市	64	23.4%	4453.3	364	38.6%	4341.4
	地级城市	122	44.7%	4332.7	375	39.8%	4612.2
	县城	61	22.5%	4176.7	121	12.9%	4141.6
	镇	2	0.7%	6060.5	9	1.0%	3727.8
	农村	3	1.1%	3900.0	1	0.1%	4000.0
就业区域	东部地区	44	16.1%	4866.8	139	14.8%	4927.7
	中部地区	52	19.1%	4298.5	177	18.8%	4456.7
	西部地区	177	64.8%	4306.3	626	66.5%	4268.0

如表9-12所示,追踪到的1254名公费师范生中,汉族比例为84.5%,汉族毕业后参加工作(98.1%)的比例和平均工资(4409.8元)略高于其他民族参加工作的比例(97.9%)和平均工资(4346.8元)。其他民族去西部地区工作的比例最多,比例为87.4%,高于汉族的62.5%。

表9-12　公费师范生毕业去向-民族对比

去向分类		汉族			其他民族		
		人数	比例	平均工资（元）	人数	比例	平均工资（元）
工作与否	工作	1040	98.1%	4409.8	190	97.9%	4346.8
	读研	3	0.3%		1	0.5%	
	其他	17	1.6%		3	1.6%	
行业分类	教育行业	1039	100.0%	4409.8	190	100.0%	4346.8
	其他行业	0	0.0%		0	0.0%	
单位分类	中小学校	1015	97.7%	4416.6	185	97.4%	4357.3
	民营企业	1	0.1%	6000.0	0	0.0%	
	国有企业	1	0.1%	7000.0	0	0.0%	
	其他类型	22	2.1%	3909.1	5	2.6%	3960.0
所在地类型	直辖市	78	7.5%	4313.5	15	7.9%	4550.0
	省会城市	374	36.0%	4403.1	62	32.6%	4133.9
	地级城市	428	41.2%	4548.4	71	37.4%	4534.5
	县城	145	14.0%	4138.0	41	21.6%	4143.9
	镇	10	1.0%	3617.1	1	0.5%	9500.0
	农村	4	0.4%	3925.0	0	0.0%	
就业区域	东部地区	178	17.1%	4882.5	7	3.7%	5642.9
	中部地区	212	20.4%	4425.3	17	9.0%	4364.7
	西部地区	649	62.5%	4275.1	166	87.4%	4290.4

如表9-13所示,追踪到的1254名公费师范生中,农村户口和城镇户口的毕业生人数相当,分别为53.7%和46.3%,农村毕业生去工作的比例(99.0%)略高于城镇户口(97.0%),但平均工资(4294.3元)低于城镇户口(4522.2元),农村户口的毕业生去西部地区工作(69.5%)的比例高于城镇户口的毕业生(62.1%)。

表 9 - 13　公费师范生毕业去向 - 户口类型对比

去向分类		农村户口			城镇户口		
		人数	比例	平均工资（元）	人数	比例	平均工资（元）
工作与否	工作	666	99.0%	4294.3	552	97.0%	4522.2
	读研	2	0.3%		2	0.4%	
	其他	5	0.7%		15	2.6%	
行业分类	教育行业	665	100.0%	4294.3	552	100.0%	4522.2
	其他行业	0	0.0%		0	0.0%	
单位分类	中小学校	650	97.7%	4291.5	538	97.5%	4542.1
	民营企业	1	0.2%	6000.0	0	0.0%	
	国有企业	1	0.2%	7000.0	0	0.0%	
	其他类型	13	2.0%	4092.3	14	2.5%	3757.1
所在地类型	直辖市	51	7.7%	4516.1	42	7.6%	4151.9
	省会城市	199	29.9%	4036.4	230	41.7%	4632.7
	地级城市	266	40.0%	4507.1	231	41.9%	4585.7
	县城	137	20.6%	4181.5	46	8.3%	4044.4
	镇	9	1.4%	4185.7	2	0.4%	4000.0
	农村	3	0.5%	4233.3	1	0.2%	3000.0
就业区域	东部地区	86	12.9%	4902.3	97	17.6%	4922.6
	中部地区	117	17.6%	4200.6	112	20.3%	4650.8
	西部地区	462	69.5%	4204.8	343	62.1%	4366.9

　　如表 9 - 14 所示,追踪到的 1254 名公费师范生中,独生子女和非独生子女的毕业生人数比例相当,分别为 45.9% 和 54.1%,非独生子女去工作的比例（98.5%）略高于独生子女（97.6%）,但平均工资（4349.2 元）略低于独生子女（4460.5 元）,且独生子女去直辖市（9.1%）和省会城市（39.2%）的比例均高于非独生子女（6.3% 和 32.4%）。

表 9 – 14 公费师范生毕业去向 – 是否独生子女对比

去向分类		独生子女			非独生子女		
		人数	比例	平均工资（元）	人数	比例	平均工资（元）
工作与否	工作	562	97.6%	4460.5	668	98.5%	4349.2
	读研	2	0.4%		2	0.3%	
	其他	12	2.1%		8	1.2%	
行业分类	教育行业	562	100.0%	4460.5	667	100.0%	4349.2
	其他行业		0.0%			0.0%	
单位分类	中小学校	545	97.0%	4489.4	655	98.2%	4339.3
	民营企业	0	0.0%		1	0.2%	6000.0
	国有企业	0	0.0%		1	0.2%	7000.0
	其他类型	17	3.0%	3535.3	10	1.5%	4570.0
所在地类型	直辖市	51	9.1%	4421.6	42	6.3%	4266.7
	省会城市	220	39.2%	4606.8	216	32.4%	4118.4
	地级城市	214	38.1%	4449.7	285	42.7%	4619.1
	县城	70	12.5%	4142.7	116	17.4%	4137.2
	镇	5	0.9%	3974.2	6	0.9%	4300.0
	农村	2	0.4%	2850.0	2	0.3%	5000.0
就业区域	东部地区	102	18.2%	4814.2	83	12.4%	5030.6
	中部地区	104	18.5%	4488.8	125	18.7%	4364.2
	西部地区	356	63.4%	4350.9	459	68.8%	4221.9

如表 9 – 15 所示，追踪到的 1254 名公费师范生中，是家庭第一代大学生的比例为 74.4%，家庭第一代大学生去工作的比例（98.5%）高于非家庭第一代大学生（96.9%），但平均工资（4377.1 元）低于非家庭第一代大学生（4468.0元），且去直辖市（7.2%）和省会城市（32.7%）工作的比例也低于非家庭第一代大学生（8.7% 和 43.7%），去西部地区工作（69.2%）的比例高于非家庭第一代大学生（57.9%）。家庭第一代大学生更有可能去相对偏远的地区。

表 9 – 15　公费师范生毕业去向 – 是否家庭第一代大学生对比

去向分类		非家庭第一代大学生			家庭第一代大学生		
		人数	比例	平均工资（元）	人数	比例	平均工资（元）
工作与否	工作	311	96.9%	4468.0	919	98.5%	4377.1
	读研	1	0.3%		3	0.3%	
	其他	9	2.8%		11	1.2%	
行业分类	教育行业	311	100.0%	4468.0	918	100.0%	4377.1
	其他行业	0	0.0%		0	0.0%	
单位分类	中小学校	304	97.8%	4504.8	896	97.6%	4374.4
	民营企业	0	0.0%		1	0.1%	6000.0
	国有企业	0	0.0%		1	0.1%	7000.0
	其他类型	7	2.3%	2871.4	20	2.2%	4285.0
所在地类型	直辖市	27	8.7%	3945.6	66	7.2%	4517.7
	省会城市	136	43.7%	4372.9	300	32.7%	4361.2
	地级城市	126	40.5%	4705.6	373	40.6%	4492.7
	县城	21	6.8%	4447.6	165	18.0%	4100.1
	镇	1	0.3%	2000.0	10	1.1%	4367.1
	农村	0	0.0%		4	0.4%	3925.0
就业区域	东部地区	62	19.9%	4894.4	123	13.4%	4919.8
	中部地区	69	22.2%	4976.8	160	17.4%	4181.0
	西部地区	180	57.9%	4126.1	635	69.2%	4321.4

如表 9 – 16 所示，追踪到的 1254 名公费师范生中，生源地为西部地区的毕业生比例为 66.9%，中部地区和东部地区比例依次为 19.9% 和 13.2%，去工作的公费师范生平均工资由高到低的生源地依次是东部地区（4661.4 元）、中部地区（4551.1 元）、西部地区（4294.6 元）。生源地为东部地区的毕业生去地级城市工作的比例最高，为 52.2%；生源地为中部地区的毕业生去省会城市工作的比例最高，为 45.5%；生源地为西部地区的毕业生去省会城市和地级城市的

比例相当,分别为34.9%和39.1%。生源地为中部地区的毕业生在省会城市的集中度最高。三地区的毕业生留在生源地区工作的比例均超过了90%。

表9-16 公费师范生毕业去向-生源地对比

去向分类		东部地区			中部地区			西部地区		
		人数	比例	平均工资(元)	人数	比例	平均工资(元)	人数	比例	平均工资(元)
工作与否	工作	161	98.2%	4661.4	242	98.0%	4551.1	815	98.2%	4294.6
	读研	1	0.6%		0	0.0%		3	0.4%	
	其他	2	1.2%		5	2.0%		12	1.5%	
行业分类	教育行业	161	100.0%	4661.4	242	100.0%	4551.1	814	100.0%	4299.8
	其他行业	0	0.0%		0	0.0%		0	0.0%	
单位分类	中小学校	160	99.4%	4668.7	242	100.0%	4551.1	786	96.6%	4306.3
	民营企业	0	0.0%		0	0.0%		1	0.1%	6000.0
	国有企业	0	0.0%		0	0.0%		1	0.1%	7000.0
	其他类型	1	0.6%	3500.0	0	0.0%		26	3.2%	3934.6
所在地类型	直辖市	14	8.7%	4725.0	9	3.7%	3100.0	70	8.6%	4437.9
	省会城市	36	22.4%	4497.2	110	45.5%	4541.3	284	34.9%	4265.2
	地级城市	84	52.2%	4742.2	94	38.8%	4825.5	318	39.1%	4409.5
	县城	26	16.2%	4619.2	26	10.7%	4057.7	131	16.1%	4071.1
	镇	0	0.0%		2	0.8%	6060.5	9	1.1%	3727.8
	农村	1	0.6%	4000.0	1	0.4%	2700.0	2	0.3%	4500.0
就业区域	东部地区	159	98.8%	4657.2	12	5.0%	6666.7	11	1.4%	6781.8
	中部地区	1	0.6%	3000.0	227	93.8%	4428.9	1	0.1%	4000.0
	西部地区	1	0.6%	7000.0	3	1.2%	5333.3	802	98.5%	4266.2

参考文献

[1] BARRO R J. Education and economic growth[J]. Annals of economics and finance, 2013,14(2)(A).

[2] GLEWWE P, KREMER M, MOULIN S. Retrospective vs. prospective analyses of school inputs: the case of flip charts in Kenya[J]. Journal of development economics 74, 2004(1).

[3] LIU E, JOHNSON S M, HEATHER G P. New teachers and the Massachusetts signing bonus: The limits of inducements[J]. Educational evaluation and policy analysis, 2004, 26(3).

[4] GLEWWE P, KREMER M. Schools, teachers, and education outcomes in developing countries[C] //Handbook of the economics of education. Amsterdam: North Holland, 2006(2).

[5] KANE T J, STAIGER D O. Estimating teacher impacts on student achievement: an experimental evaluation [EB/OL]. https://www. nber. org/papers/w14607.

[6] GLEWWE P, ILIAS N, KREMER M. Teacher incentives[J]. American economic journal: applied economics, 2010(3).

[7] DECKER P T, MAYER D P, GLAZERMAN S. The effects of teach for America on students: findings from a national evaluation[EB/OL]. https://econpapers. repec. org/paper/mprmprres/c8b5eb6d499c465c86a96bee472b8170. htm

[8] STEELE J L, MURNANE R J, WILLETT J B. Do financial incentives

help low‐performing schools attract and keep academically talented teachers? Evidence from California[J]. Journal of policy analysis and mfanagement , 2010, 29 (3).

[9] 郭开强,邹先云.简析高等师范大学师范生免费教育政策[J].重庆职业技术学院学报,2007(3).

[10] 李友芝,李春年,柳传欣,等.中国近现代师范教育史资料(1 册)[M].北京:高等教育出版社,1983.

[11] 李友芝,李春年,柳传欣,等.中国近现代师范教育史资料(3 册)[M].北京:高等教育出版社,1983.

[12] 彭汉庆,高小清.普通高校招生"并轨"改革的管理学思考[J].上海高教研究,1997(9).

[13] 教育部.教育部就部分媒体刊登"教育部酝酿取消师范生"的消息进行澄清[EB/OL](2005‐04‐27). http://www. moe. gov. cn/jyb_xwfb/gzdt_gzdt/moe_1485/tnull_7168. html

[14] 教育部. [人民日报记者]:具体什么条件可以报考免费师范生呢? [EB/OL](2007‐05‐21). http://www. moe. gov. cn/jyb_hygq/hygq_zczx/moe_1346/moe_1356/tnull_22419. html

[15] 教育部.国务院办公厅转发教育部等部门关于完善和推进师范生免费教育意见的通知[EB/OL](2012‐08‐24). http://www. gov. cn/zhengce/content/2016‐08/24/content_5101954. htm

[16] 教育部."教育这十年""1+1"系列发布会第十五场:介绍从数据看党的十八大以来我国教育改革发展成效[EB/OL]. http://www. moe. gov. en/fbh/live/2022/54875/twwd/20220927_665276. html

[17] 马勇军,崔爽怡.中国免费师范生研究十年回顾与前瞻:基于核心期刊相关文献的内容分析[J].课程·教材·教法,2017,37(08).

[18] 王卫东,付卫东.师范生免费教育政策:背景、成效、问题及对策:基于全国六所部属师范大学的调查[J].河北师范大学学报(教育科学版),2013,15 (8).

[19] 教育部.考生踊跃报考免费教育师范生,教育部直属师范大学顺利完

成免费师范生招生计划[EB/OL](2007 - 07 - 25). http://www. moe. edu. cn/jyb_xwfb/gzdt_gzdt/moe_1485/tnull_8758.html

[20] 李高峰.免费师范生三大报考动机的调查研究:以陕西师范大学为例[J].教育科学,2011,27(2).

[21] 张立昌,阎春,李正根.免费师范生报考动因与政策态度调查[J].当代教师教育,2011,4(2).

[22] 姚云,马龙,李小红.师范生免费政策实施效果的研究:基于首届免费师范生的入学与毕业调查[J].教师教育研究,2012,24(2).

[23] 周琴.免费师范生政策认知调查:以西南大学为个案[J].教师教育研究,2013,25(3).

[24] 王智超.师范生免费教育政策执行状况调研与思考[J].东北师大学报(哲学社会科学版),2015(4).

[25] 封子奇,姜宇,杜艳婷,等.免费师范生教师职业认同及其影响因素研究[J].河北师范大学学报(教育科学版),2010,12(7).

[26] FLORES M A, Day C. Contexts which shape and reshape new teachers' identities: A multi - perspective study[J]. Teaching & teacher education, 2006, 22 (2).

[27] 崔海英.免费师范生角色认同研究[J].河北师范大学学报(教育科学版),2012,14(6).

[28] 张晓辉,赵宏玉.教师支持对免费师范生教学效能感和教师职业认同的影响[J].中国特殊教育,2016(5).

[29] 赵丽,李录志.免费师范生职业认同对职后工作满意度的影响[J].当代教师教育,2013,6(3).

[30] 赵宏玉,兰彦婷,张晓辉,等.免费师范生教师职业认同量表的编制[J].心理与行为研究,2012,10(2).

[31] 李兵,张丽芳,林海明,等.新进教师职业认同变化调查:基于免费师范毕业生的追踪研究[J].高教探索,2019(1).

[32] 范兴华,陈锋菊,刘文,等.六年制免费师范生的教师职业认同结构及特点[J].心理研究,2014,7(2):81 - 85.

[33] 丁道群,蒋珊珊.湖南地区高校"免费师范生"的教师职业认同感调查研究[J].教师教育研究,2011,23(5).

[34] 魏彩红,张晓辉,赵宏玉,等.免费师范生的职业认同类型及其学习动机特点研究[J].教师教育研究,2013,25(3).

[35] 张燕,赵宏玉,齐婷婷,等.免费师范生的教师职业认同与学习动机及学业成就的关系研究[J].心理发展与教育,2011,27(6).

[36] 曾丽红.免费师范生职业认同现状调查与对策建议[D].西南大学,2010.

[37] 张岩,雷婷婷.教育见习对师范生职业发展影响的实验研究:基于"4+1"跟岗教育见习模式[J].教师教育研究,2020,32(6).

[38] 张晓辉,闫邱意淳,赵宏玉,等.教育实习对师范生职业发展的影响:基于典型个案的质性研究[J].教师教育研究,2015,27(6).

[39] 张晓辉,赵宏玉.实习教师支持对师范生职业效能、职业认同及职业承诺的作用[J].教师教育研究,2018,30(03):46-52.

[40] 任永灿,郭元凯.教育实践满意度对师范生职业认同感的影响:心理资本和心理契约的链式中介模型[J].教师教育研究,2022,34(1).

[41] 李晓娟,孙楚航.免费师范生学习状况调查研究[J].当代教育科学,2011(7).

[42] 贾挚,陶磊,于国妮.免费师范生学习动机与学习情况调查研究[J].教师教育研究,2012,24(2).

[43] 姜晓玲.免费师范生自主学习与人格特质关系的调查研究:以陕西学前师范学院免费师范生为例[J].陕西学前师范学院学报,2016,32(9).

[44] 王琴梅,方妮.免费师范生学习动力及其影响因素的经济学分析:基于陕西师范大学的调查[J].理论导刊,2014(6).

[45] 孙崇.免费师范生和非免费师范生学习适应与学习动机的比较研究[D].东北师范大学,2013.

[46] 季娇,戚家勇,鲁妩媚.免费师范生与非师范生学习投入对比研究:以北京师范大学为例[J].高校辅导员学刊,2011,3(5).

[47] 李雪峰.免费师范生学习动机与学习态度的研究[D].华中师范大学,

2009.

[48] 吕国光,刘伟民,黄未未,等.大学英语四级考试成绩研究:基于 A 大学的抽样数据[J].贺州学院学报,2012,28(1).

[49] 王阳.免费师范生教师职业认同的特点及其与学业成就和学习投入的关系[J].黑龙江高教研究,2015(11).

[50] 商应美,于爽.免费师范生就业政策执行跟踪研究:现状·成效·举措:以东北师范大学五届免费师范毕业生为例[J].东北师大学报(哲学社会科学版),2018(5).

[51] WANG D, Gao M. Educational equality or social mobility: The value conflict between preservice teachers and the Free Teacher Education Program in China[J]. Teaching and teacher education,2013(32).

[52] 白贝迩.师范生免费教育政策评估研究[D].陕西师范大学,2016.

[53] 商应美,于爽.免费师范生教育硕士就业跟踪调查研究:写于我国免费师范生政策实施 10 周年之际[J].中国青年社会科学,2017,36(6).

[54] 马勇军,王童.公费师范生政策认知调查:以青岛大学小学教育专业为例[J].山东高等教育,2020,8(2).

[55] 免费师范生的去向调查[EB/OL]. [2013 - 05 - 02]. https://www. edu. cn/jiao_shi_pin_dao/zxxjszp/mian_fei_shi_fan_sheng/201305/t20130502_938081. shtml

[56] 刘欣,郭霖.免费师范生违约的责任界定及调解路径[J].教育研究与实验,2012(6).

[57] 邹玉梅,戚玮,崔丽娟.免费师范生心理契约破裂的后果及影响因素研究[J].心理研究,2010,3(6):75 - 80.

[58] 后慧宏,张丹,邹巍,等.免费师范生进退机制亟待切实建立:基于违约案例的政策解读[J].教学研究,2018,41(3).

[59] 潘小春.首届免费师范生就业政策实施情况研究[J].教育理论与实践,2014,34(1).

[60] 付卫东,付义朝.首届免费师范毕业生就业情况及其影响因素分析:基于全国 6 所部属师范大学的调查[J].河北师范大学学报(教育科学版),

2012,14(7).

[61] 高巍.首届免费师范生就业状况及就业心理研究:基于某部属师范大学的调查[J].国家教育行政学院学报,2012(6).

[62] 王乃一,何颖.免费师范生就业满意度调查及其思考:以华东师范大学为例[J].教师教育研究,2014,26(2).

[63] 付卫东,付义朝.首届免费师范毕业生就业影响因素实证研究:基于全国六所部属师范大学的调查[J].复旦教育论坛,2012,10(2).

[64] 陈时见,刘义兵,张学斌.师范生免费教育政策的实施状况与发展路径:基于师范生免费教育的现状调查[J].教师教育学报,2015,2(4).

[65] 何颖,王乃一.免费师范生就业状况与求职心态对比研究:基于华东师范大学2011届、2012届免费师范生的调查[J].上海教育科研,2014(3).

[66] 商应美.免费师范生就业政策实施10周年追踪研究:以东北师范大学五届免费师范生为例[J].教育研究,2017,38(12).

[67] 李新.寻求公费师范生就业数量与质量间的平衡之道:基于湖南公费师范生就业现状的调查[J].上海教育科研,2013(11).

[68] 王丽,皮悦明,王有智.免费师范生职后工作现状与发展意愿调查[J].教师教育论坛,2017,30(11).

[69]LIU, C, ZHANG, L, LUO R. et al. Early commitment on financial aid and college decision making of poor students: evidence from a randomized evaluation in rural China. economics of education review, 2011,30(4).

[70]何伋,陆英智,成义仁,等.神经精神病学词典[M].北京:中国中医药出版社,1998.

[71]海迪·罗斯,罗燕,岑逾豪.清华大学和美国大学在学习过程指标上的比较:一种高等教育质量观[J].清华大学教育研究,2008(02):36-42.

[72]罗燕,史静寰,涂冬波.清华大学本科教育学情调查报告2009:与美国顶尖研究型大学的比较[J].清华大学教育研究,2009,30(05):1-13.

[73]蒋直平,陈晓云.职业选择能力:大学生生涯发展的必修课[J].大学教育科学,2015(5).

[74]汪庆春,孟东方.大学生职业评价与职业选择研究[J].重庆大学学报

（社会科学版）,2004（5）.

［75］WATT H M，RICHARDSON P W. Motivational factors influencing teaching as a career choice：development and validation of the FIT – Choice scale. Journal of experimental education，2007（75）.

［76］BAILEY. Expectancy – value theory of achievement motivation［J］. Contemporary educational psychology，2017,25（1）.

［77］WATT H M，RICHARDSON P W，KLUSMANN. U,et al. Motivations for choosing teaching as a career choice：an international comparison using the FIT – Choice scale［J］. Teaching and teacher education,2012,28（6）.

［78］中国青年报.代表委员为破解高校毕业生就业难支招：874 万就业大军如何突围［EB/OL］.［2020 – 05 – 22］http://www. moe. gov. cn/jyb_xwfb/xw_zt/moe_357/jyzt_2020n/2020_zt06/mtbd/202005/t20200522_457663. html